EM BUSCA DE APARECIDA

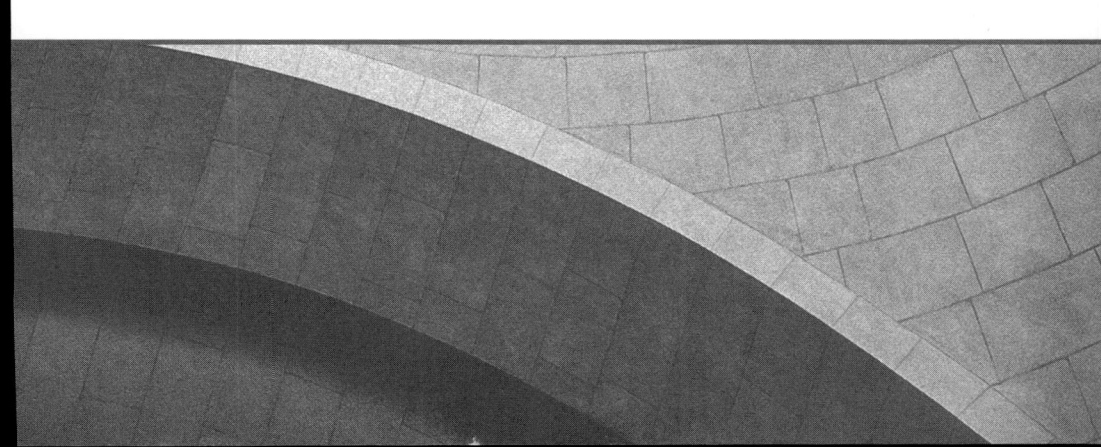

MARIANA GODOY

EM BUSCA DE APARECIDA

AS HISTÓRIAS E AS GRAÇAS DA SANTA
MAIS AMADA PELO POVO BRASILEIRO

PREFÁCIO

Padre Marcelo Rossi

Copyright © [2017] by Mariana Godoy

Direitos de edição da obra em língua portuguesa no Brasil adquiridos pela PETRA EDITORIAL LTDA. Todos os direitos reservados. Nenhuma parte desta obra pode ser apropriada e estocada em sistema de banco de dados ou processo similar, em qualquer forma ou meio, seja eletrônico, de fotocópia, gravação etc., sem a permissão do detentor do copirraite.

PETRA EDITORA
RUA CANDELÁRIA, 60 – 7º ANDAR – CENTRO – 20091-020
RIO DE JANEIRO – RJ – BRASIL
TEL.: (21) 3882-8200 – FAX: (21) 3882-8212/8313

CIP-BRASIL. CATALOGAÇÃO NA PUBLICAÇÃO
SINDICATO NACIONAL DOS EDITORES DE LIVROS, RJ

G534e Godoy, Mariana, 1969-
  Em busca de Aparecida : As histórias e as graças da santa mais amada pelo povo brasileiro / Mariana Godoy. - 1. ed. - Rio de Janeiro : Petra, 2017.
  152 p. : il.

 ISBN 9788582781029

 1. Maria, Virgem Santa. 2. Aparecida, Nossa Senhora. I. Título.

17-43717   CDD: 232.91
           CDU: 27-312.47

Sumário

Prefácio | 7

Introdução
Uma experiência brasileira com a mãe de Jesus | 13

No porto | 23

Uma igreja rude | 45

No meio de tantas histórias e rostos | 73

Uma pausa
A jornalista à luz de Maria | 95

Uma imagem que se quebra como nós | 111

Conclusão
Uma Mariana mais mariana | 133

Apêndice
Orações a Nossa Senhora Aparecida | 143

PREFÁCIO

Ao longo de mais de vinte anos como sacerdote, eu já estive em Aparecida diversas vezes. Foram tantas que seria impossível contar. Estive lá com papas e bispos, estive com familiares, estive com o povo. Estive para partilhar tristezas e alegrias, para mostrar à Virgem um coração em paz ou angustiado.

Em todas as ocasiões, eu nunca saí de lá indiferente. Não poderia ser de outro jeito. Aparecida é a casa da Mãe, a casa do Brasil, a casa de um povo inteiro. E, como acontece em casa de mãe, nunca chegamos ou saímos de lá indiferentes. Sob o olhar de Nossa Senhora, deixamos agradecimentos, buscamos conselhos, ficamos em silêncio, pedimos paz interior, experimentamos conforto, abrimos o coração... Em casa de mãe, agimos como filhos pequenos, que sabem que a mãe cuida sempre de tudo.

Quando Mariana Godoy me revelou que escreveria um livro como este, sobre Nossa Senhora Aparecida, meu coração se encheu de alegria. E por dois motivos.

Em primeiro lugar, porque Mariana compreendeu como ninguém que não é possível entender de longe a fé, o carinho e a devoção de nosso povo pela Mãe encontrada há três séculos por três pescadores humildes. É preciso ir ao encontro da Virgem, ou melhor, escutar o chamado que ela não cessa de fazer a cada um de nós. Esse é um encontro que não se dá pelos livros, mas com o coração, com a alma. Mariana escutou o convite de Nossa Senhora e se dedicou por inteiro a entender esse carinho materno que tantos brasileiros experimentam dia após dia. A cada ida a Aparecida, a cada contato com a fé das pessoas, a cada reflexão nascida de suas viagens, Mariana encontrou um espaço sob o manto de Maria. Um espaço no qual sempre permanecerá. Como seu próprio nome diz, ela é toda da Virgem.

Além disso, minha alegria vem também do fato de que não havia pessoa melhor para realizar este projeto. Quem conhece minha amiga Mariana, ainda que pela tela da TV ou pelas ondas do rádio, conhece junto sua sensibilidade, a abertura de seu coração, sua coragem, sua sinceridade... Em suma, todas as qualidades imprescindíveis para levar adiante um projeto tão demorado e exigente. Mariana tem um olhar de mãe, um olhar feito para se encontrar com o olhar de Nossa Senhora. E o resultado? Não poderia ser melhor: um texto que carrega sua marca pessoal e que, página após página, fez meus olhos se encherem de lágrimas. Mariana sentiu Nossa Senhora com o próprio coração e, portanto, como todos nós a sentimos.

Neste ano em que comemoramos os trezentos anos do encontro da imagem de Nossa Senhora Aparecida no rio Paraíba, não poderia haver homenagem mais bonita à Padroeira do

Brasil. Este é um livro que reavivará a fé e a esperança de cada um de seus leitores. Desse modo, convido cada um de vocês, nestes próximos capítulos, a se deixar tocar pela Mãe de Jesus e, com Mariana, ir percebendo a presença real de Maria em nossas vidas. Tenho certeza de que, após ler este livro, sua devoção à Nossa Senhora Aparecida nunca mais será a mesma.

Com minha bênção sacerdotal,
Padre Marcelo Rossi

A Dalcides e Heitor, meus amores, por quem me esforço para ser cada dia melhor

Introdução
Uma experiência brasileira com a mãe de Jesus

Pode ser que este livro o engane. Ele não é um livro meio "seco", meio documental, sobre Nossa Senhora Aparecida. Tudo bem: traz, sim, um mergulho na história, na devoção, no coração dessa Mãe que quis se revelar no Brasil, um país que se acostumou a tratá-la com carinho filial, a colocar-se a seus pés dia após dia, ano após ano; no entanto, estas páginas são, sobretudo, um diário íntimo, uma viagem pessoal, o registro de uma mulher que quis sentir com a própria vida, ver com os próprios olhos o encanto que só o carinho de uma mãe pelos seus filhos pode oferecer. Ouso dizer que, nestas páginas, Nossa Senhora e meu coração se encontram lado a lado.

Quando criança, nunca visitei Aparecida. A cidade, para mim, sempre foi um pedaço de terra à esquerda de quem descia pela Via Dutra, e onde havia uma enorme construção em tom alaranjado que se destacava na paisagem. Eu era uma menina curiosa, de uns quatro anos, quando vi a Basílica pela primeira vez. Uma menina curiosa, uma futura jornalista.

Nós morávamos em Amparo, interior de São Paulo, em uma linda chácara com alguns resquícios de fazenda de café: um terreiro perto do chiqueiro com porcas e leitõezinhos, um pequeno cafezal, dois lagos de carpas e tilápias, um imenso pomar com frutas exóticas e mangueiras frondosas. Eram oito alqueires de verde, cavalos e charretes, galinhas e pintinhos, entre os quais me divertia com uma dúzia de primos, entrando em aventuras infantis que faziam de mim quase uma Narizinho. No meu "Sítio do Picapau Amarelo", a casa era pintada num tom de terra, as janelas eram azuis, e a parte de baixo feita de pedra dava a impressão de uma fortaleza indestrutível. Depois de passar pela porteira de madeira, um caminho de hibiscos levava até a convidativa varanda da casa cheia de quartos, cercada por ipês e flamboyants.

Logo no saguão de entrada, depois de passar pela porta dupla de jacarandá, um certificado emoldurado, à esquerda, parecia um diploma: "Beatíssimo Padre", dizia em letras difíceis de serem compreendidas por uma criança de quatro anos, e seguia-se uma bênção à família de meu avô, Nelson Alves de Godoy.

Na parede oposta, dois quadros, lado a lado, com rostos serenos, me observavam. Eram Jesus e Maria, com o coração fora do peito e a mão direita num gesto que eu não sabia se era uma ordem ou um convite.

Minha primeira imagem de Maria — e talvez a mais forte — é essa. A moça bonita, de cabeça coberta, com um olhar quase triste, mas um semblante de paz e com o coração vermelho do lado de fora do peito. Espinhos sugerem dor, mas ela parecia calma.

O nome dela era Maria. Mas não era Aparecida.

Aparecida, antes, era a tia legal que levava balinhas de leite da Kopenhagen quando ia nos visitar. Aparecida era a professora de piano do conservatório no Centro, com o cabelinho meio azulado. Aparecida era a avó da minha melhor amiga. Era a Cida, cozinheira que trabalhava para a tia Marjorie. Havia no mundo muitas Aparecidas.

E havia, é claro, aquela cidade para onde iam os ônibus de excursão, lotados, nos feriados religiosos. Quando, pequena e na companhia de meus pais, viajava dentro da Variant vermelha a caminho de Ubatuba, havia Aparecida. Na época, ainda era a "Aparecida do Norte", para a qual meus pais nunca me levaram.

A primeira vez, certamente, foi a trabalho.

Fui mostrar a reforma da Basílica da padroeira do Brasil.

Fui mostrar a fé dos devotos em uma festa com procissão.

Fui ver onde ficara e por onde passara o arcebispo Bergoglio, de Buenos Aires, antes de se tornar papa Francisco.

Mas eu, Mariana, nunca tinha ido a Aparecida propriamente por curiosidade, fé ou devoção, e chegou um momento em que isso começou a me inquietar. Não era preciso muito esforço para perceber que a Virgem que ali fora encontrada sempre estivera presente, de algum modo ou de outro, na minha vida, da mesma maneira como sempre estivera presente na vida de todos os brasileiros. E por que me levara tanto tempo para prestar atenção nisso?

Bastaria lembrar, por exemplo, da Bia, minha funcionária havia quase vinte anos. "Aparecidinha, a mãe dos pobres, que linda!", agradeceu ela ao receber de presente um conjunto de colar e brincos com a imagem. "Por que 'dos pobres'?", eu quis saber. Para mim, afinal, Maria é mãe de Jesus e mãe de todos. Mas a vida da Bia, seu trabalho como faxineira nos diferentes bairros de São Paulo, dera-lhe outra certeza.

Com ar de propriedade, disse-me que São Francisco é "santo de rico" e que São Jorge é "santo de pobre". Continuou explicando que, nas casas mais chiques em que ela tinha trabalhado, Nossa Senhora era sempre das Graças, de Fátima, de Lourdes... Já tinha espanado várias imagens da Sagrada Família, de Santa Teresinha ou Santo Antônio, e quase sempre havia um São Francisco de Assis com suas pombinhas. Mas, na maioria das casas de pobre, o que tem mesmo, na sala, em local de destaque, é uma Nossa Senhora Aparecida. "Pretinha, como a gente."

Uma santa preta. Pretinha. E Bia, agradecida, beijava o pingente triangular banhado a ouro.

Eu nasci no interior de São Paulo. Morei em Amparo, morei em Jundiaí, fui muito a Pirapora do Bom Jesus. E achava que conhecia, de algum modo, Aparecida. Era, afinal, a santa dos romeiros. Era reverenciada nas Festas do Peão, homenageada nas Queimas do Alho, estava em todos os altares rurais e capelinhas de pau a pique que conheci ao visitar os amigos pelo interior de São Paulo. Mas por que, então, eu nunca tinha participado de uma romaria, fosse a cavalo ou a pé? Por que só eu não tinha uma imagem dela em casa? Por que, jornalista e curiosa como sempre fui, não conhecia os detalhes da sua história?

Tudo isso me soava ainda mais surpreendente porque, desde pequenina, a religião esteve sempre presente na minha vida. Os desenhos coloridos da Bíblia em quadrinhos, os presépios ganhando vida ante os olhos infantis, os contos e livros de

Natal... E que dizer de minha avó, com seis filhos católicos como ela, os quais certamente confiava à proteção daquela Virgem negra? Mesmo meu pai, que para todos os milagres oferecia uma explicação científica extravagante, um homem para quem a religião seria uma "fábrica de loucos" — mesmo ele, com suas teorias, tornava a religião uma realidade sempre presente. E onde estava, no meu imaginário, aquela figura venerada por cada lar brasileiro?

É bem verdade que, se hoje olho para meus primeiros anos de vida, vejo que era Jesus o centro de todas as histórias. O protagonista da Bíblia, o Filho de Deus, o Cristo dos primeiros milagres, do vinho e do pão multiplicados, o Salvador que andara sobre as águas e dera aos apóstolos as lições mais fundamentais... Jesus, que perdoava com compreensão, ouvia com amor e não condenava senão o pecado, dando sempre nova oportunidade ao pecador.

No entanto, seria mesmo possível separar Jesus de sua Mãe? Ainda mais no Brasil, onde a devoção a ela não dependia de religião, raça, classe social... De modo algum. Nem mesmo meu pai, com aquelas teorias segundo as quais os anjos eram extraterrestres ou coisas do gênero, conseguia tirar a sacralidade de Maria e da Sagrada Família de que ela foi parte tão fundamental.

E foi precisamente essa sacralidade, a sacralidade a que Maria eleva toda mulher, o que pude experimentar no acontecimento que enfim me colocaria mais perto da Mãe de Jesus.

Era 24 de junho de 1997. Naquela noite de São João, Heitor, meu filho, vinha ao mundo e fez com que o amor descortinasse o universo para mim. Tudo ficou claro e fez sentido. Eu compreendia um tipo de amor desconhecido ao olhar para o rostinho daquele bebê que eu ajudara a formar, que tinha saído de dentro do meu corpo.

Algo mudou para sempre. Surgia, em mim, uma forma diferente de ver o mundo e de acreditar em Deus. Senti-me parte do milagre da vida e mais perto do amor divino. E muito, mas muito mais próxima de Maria.

Maria. A menina virgem que teve de contar ao futuro marido que estava grávida. A jovem que, sobre o lombo de um burrico, tantas distâncias percorreu para fugir da perseguição. A mãe que deu à luz um bebê que, embora fosse o Messias, encarnou-se num corpinho aquecido somente pela respiração dos animais de um estábulo. A escolhida para a difícil missão de carregar o filho de Deus, de vê-Lo crescer e enfrentar o doloroso destino de perdê-lo na Cruz. Não era difícil saber por que sua vida me dava tanta força.

Eu havia passado a fase final da gravidez sozinha, aos 28 anos. Tinha um bom emprego, condições de criar um filho sem ajuda alguma e uma família que me apoiava, mas ainda assim tinha sido muito difícil. A solidão, o medo do futuro, a sensação de ser incapaz de cuidar de outro ser humano... Como todas as mães, não suportava a ideia de algo de terrível acontecendo ao meu filho. E eu rezei e pedi, pela primeira vez, a Nossa Senhora.

Pedi que cuidasse daquele bebê quando eu não pudesse ajudá-lo.

Pedi que fosse ela a orientar seus passos e os meus.

Pedi que o protegesse, que olhasse por ele, que o embalasse quando Heitor não quisesse mais o meu colo, que estivesse junto dele do mesmo modo como eu queria estar toda vez que ele me chamasse.

A maternidade me fez mais Mariana. E isso não mudaria jamais.

Mas resta ainda a pergunta: e a face brasileira daquela inspiração? Onde estava a santinha preta, a Virgem que abraçou o país e que constituía o pano de fundo de todos esses acontecimentos da minha vida?

Os locais de aparição e Maria sempre me trouxeram certo fascínio. Já tive a oportunidade de visitar, com meu marido, Fátima, Lourdes... Eu queria ter sido uma das crianças pastoras. Queria ter visto o que Bernadette viu. Nunca, porém, cheguei a pensar: "Queria ter sido um dos pescadores." Em nenhuma de minhas visitas a santuários marianos, cheguei a relacioná-los a Aparecida, no vale do Paraíba, ali tão perto de mim.

No entanto, trata-se da mesma Mãe. De uma face distinta da Senhora Imaculada, preservada do Pecado Original em vista da missão que teria de desempenhar. Uma mulher que, ao ser encontrada por pescadores humildes e simples como ela mesma, tem força suficiente para atrair milhares e milhares de peregrinos, papas, santos, gente rica, pobre, gente branca, negra, amarela...

Gente como o Pyi, para mim o símbolo desse encanto de Nossa Senhora Aparecida que tanto me instiga e que me leva a escrever estas linhas, a empreender esta viagem.

Conheci Pyi há mais de quinze anos. Birminês, nascido em família tradicional. Alguém que poderia muito bem ter vivido à margem da Senhora, fosse qual fosse seu nome. Teve de fugir da Birmânia para escapar de um matrimônio arranjado. Em Londres, se casou com uma brasileira e veio com ela para o Brasil. Aqui, começou carregando mala de hóspedes no hotel em que eu o conheceria. Tinha um sorriso contagiante, e olhos amendoados. Mal falava o português. O suficiente, porém, para me dizer sem cessar, como me disse hoje mesmo, quando lhe perguntei como estava: "Treinando muito. Vou de bicicleta até Aparecida. São duzentos quilômetros."

Isso resume tudo.

Resume meu desconcerto.

Resume o porquê destas linhas.

Se Nossa Senhora Aparecida possui um devoto que veio da Birmânia para conhecê-la, poderei eu, praticamente vizinha, fugir a seu encanto? Há algo na Virgem brasileira que aos poucos começou a me desnortear, algo que preciso descobrir, algo que me inquieta. Algo, porém, muito íntimo. Muito. É como se a própria "santinha dos pobres" me chamasse a conhecê-la melhor.

E haverá ocasião melhor do que este momento em que todo o Brasil se volta à maior basílica mariana do mundo para comemorar os trezentos anos do encontro dos pescadores com aquela imagem curiosa, inesperada? Trezentos anos desde que o Brasil pôde dizer, com convicção, que não era órfão.

Este livro é uma experiência brasileira com a mãe de Jesus. É o registro de uma jornalista que, ao tomar contato com a história, a devoção e as graças que giram em torno de Nossa Senhora Aparecida, também descobriu muito de si mesma. Uma jornalista que, sob a orientação da "santa pretinha", pôde vislumbrar o que de mais elevado o homem pode ter — a força da fé, da esperança e do amor.

No porto

Talvez eu consiga me lembrar de todos os detalhes da madrugada do dia 14 para 15 de março. Aquela não me parecia uma madrugada comum — não mesmo. Não sou uma pessoa tão insone, muito longe disso, mas por alguma razão não conseguia pregar o olho por nada. Não havia jeito. Meu marido chegou de seu trabalho noturno, conversou comigo e dormiu. Em geral, chegava uma hora em que eu pegava no sono também, mas agora continuava ali. Eu e minha respiração, o corpo quieto, os olhos fechados. Uma respiração calma.

Mas não a imaginação.

Por causa dela, quando o despertador tocou, eu ainda estava acordada.

Durante toda a noite, me vieram à cabeça imagens do que me esperaria no dia seguinte. Algo grande parecia prestes a acontecer, mas eu não saberia dizer o quê. Havia agendado para aquela quarta-feira o início da minha jornada, os primeiros passos da caminhada que me levaria a conhecer melhor a Virgem Aparecida, mas em geral se trataria de uma viagem simples, de carro. Nada que pudesse me deixar nervosa. Estava segura, certa de que não poderia haver forma melhor de começar minha experiência do que visitando o local em que tudo começara. Ver aquele rio com os próprios olhos, pisar naquelas margens. Eu precisava ir até Aparecida, era claro. Mas a insônia não se explicava, tampouco a inquietação.

Quando a quarta-feira enfim amanheceu, o dia parecia confirmar minha imaginação. Depois de muitos dias de chuva em São Paulo, o céu estava ensolarado, sem nenhuma nuvem. Eu havia convidado Margarita, uma grande amiga, para me acompanhar na viagem. Deixaria antes meu filho na faculdade. Era realmente promissor.

Só que a realidade bate às portas, sempre. A cidade inteira estava parada. Uma greve generalizada contra o governo federal, motivada pelas propostas de reforma do Trabalho e da Previdência, deixava tudo caótico. Não havia transporte público. As vias estavam quase todas interditadas. Uma distância de pouco mais de dez quilômetros, que em geral duraria no máximo vinte minutos, já levava quarenta — e ainda estávamos sobre a ponte que atravessava o rio Pinheiros. Toda rua que tentava pegar era imediatamente interditada, e bem na minha vez. Eu havia marcado às sete e meia com Margarita, mas com sorte eu conseguiria chegar às oito e meia, nove horas.

— Alô? Marga? Vou me atrasar. O trânsito está um caos. E parece que estou sendo perseguida: meu trajeto está coincidindo com todas as interdições!

— Ah, que bom, Mariana! Assim você já vai experimentando o espírito do romeiro.

Espírito do romeiro. Que modo curioso (e animado!) de encarar as coisas. Espírito do romeiro, ora bolas!

Eu me lembrava de algumas romarias do tempo de minha adolescência em Jundiaí. Meus amigos iam a cavalo ou de charrete até a cidade de Pirapora do Bom Jesus. Passavam pelo meio da serra do Japi, reserva lindíssima de mata Atlântica. Por meio do frescor, sob a sombra da mata, vendo uma cachoeira aqui e outra ali, percorrendo uma estrada de ferro meio úmida e avermelhada, os cavalos seguiam tranquilos e os romeiros, alegres. Muitas vezes, os romeiros iam bebendo em clima festivo até um pouco antes da Missa a ser celebrada em Pirapora. Eu amava a natureza, percorrera aquele caminho inúmeras vezes de motocicleta, mas jamais havia participado de uma romaria.

Além disso, aquela romaria a Aparecida nada teria de serras e cachoeiras, estradas avermelhadas... Nada. Isso eu sabia bem. Em minhas viagens de carro para o Rio de Janeiro, muitas vezes tinha acompanhado com um olhar curioso a caminhada dos devotos que iam para lá. Caminhavam firme, sempre em frente, com um objetivo claro. Não se importavam com sol e chuva, fome ou sede. Tudo estava submetido a um propósito maior, que não era ofuscado por nada. Seria esse o "espírito do romeiro"? Nesse caso, não faltariam oportunidades de vivê-lo: eu estava de jejum e já começava a ficar faminta. Não tinha dormido. Quando, depois de deixar meu filho na faculdade, finalmente cheguei à casa de Marga, já estava no carro havia mais de três horas. Nem mesmo o sol, que no início da manhã parecia anunciar um dia esplendoroso, estava ajudando. O calor já me parecia quente demais.

— Quase fiz um sanduíche para você — disse Marga ao entrar no carro. — Mas imaginei que você já teria tomado café.

— Da próxima vez, Marga, você trate de ouvir sua intuição. Estou sem nada na barriga. Nadinha.

— Tudo bem, oferece seu sacrifício. É o espírito do romeiro.

❧

Meu GPS avisa: 171 quilômetros. Finalmente sairíamos de São Paulo. Aparecida ficava cada vez mais perto.

A Via Dutra, como todos sabem, não é das melhores rodovias em que viajar. Bem, também não é a pior. Há poucas faixas, muitos caminhões, trechos urbanos em que os pedestres se jogam para atravessar a via. Mas eu estava bem para dirigir. Conversando com Marga, percebia que o cansaço ia cedendo e que eu ia ganhando um novo fôlego.

Assim que passamos por Guarulhos, a paisagem começou a mudar. Havia mais morros à direita e à esquerda, mais verde à frente, um pouco de pasto e alguns animais. Uma fazendinha aqui, um sítio ali. Uma casa no campo. Estamos no interior. Respiro profundamente. É instintivo. No fundo, sou mesmo uma mulher da roça.

Decidimos não parar para comer nada até chegarmos a Aparecida. O espírito do romeiro iria prevalecer. Eu enfrentaria algumas horas a mais de fome, mas e daí? Estávamos de carro, o que não poderia bem ser chamado de romaria, poderia? Ficaríamos menos tempo na estrada até Aparecida do que eu tinha ficado no trânsito dentro de São Paulo, afinal.

Margarita trouxera consigo uma pasta enorme, cheia de recortes com reportagens sobre Nossa Senhora Aparecida. Estava disposta a me ajudar. E também a me presentear. De sua pasta tirou algo que havia comprado para mim em Roma — uma pulseira elástica com algumas contas coloridas, um pouco maiores do que eu, mais discreta, gostaria.

— Foi benzida pelo papa Francisco! — E eu botei a pulseira no braço na mesma hora. — Vamos usar hoje para rezar o terço em frente à imagem. É uma tradição. Sempre faço isso.

— Romaria vem de "Roma", Marga?

— Sim! — garante ela sem pestanejar. — Os devotos cristãos iam a Roma, e daí surgiu o termo.

Só que Aparecida, evidentemente, não era Roma. Para lá iam sobretudo brasileiros, gente da Amazônia, do sertão, do extremo sul do país. Gente que planejava a viagem com antecedência e carinho, muitas vezes consumindo as próprias economias para chegar até ali. Da minha parte, eu gastaria apenas umas poucas horas e meio tanque de gasolina. "Mariana, você é café com leite", pensei.

E havia ainda o fato de que, embora eu quisesse entrar em contato com o mistério daquela aparição mariana, eu não sabia bem como e o que fazer. Eu queria ir até lá, começar de alguma forma esse processo de encontro com a Mãe negra... Mas o que faria?

Enquanto ainda pensava nisso, Marga sem querer me ajudou. Como uma professorinha, toda didática, começou de repente a me perguntar o nome dos pescadores.

— João!

O primeiro eu acertei, por pura lógica. João deveria ser um nome bastante comum àquela época. Tem um monte de João por aí até hoje.

— O outro teve nome de apóstolo — disse Marga. — Vamos lá.

Era pouco provável que eu me lembrasse de Filipe. Ele não é exatamente um daqueles apóstolos de que recordamos com facilidade. Ponto para Marga.

— O último é um dia da semana!

Domingos Garcia. Depois que o nome me foi revelado, me parecia a mais óbvia das opções. Se há quem se chama Segunda, Terça ou Quarta, desconheço.

Domingos Garcia, Filipe Pedroso e João Alves. Os três pescadores. Eles tinham vivido algo ao mesmo tempo muito diferente e muito igual à experiência de Bernadette em Lourdes, dos pastorinhos em Fátima, das crianças de La Salette... Três pescadores brasileiros. Nenhuma grande experiência mística; "apenas" o encontro de uma imagem de terracota. Pode não ser algo tão espantoso, mas ao menos me dava uma vantagem: eu poderia ir até lá e sentir um pouco do que eles haviam sentido, não é? A sensação do vento, as águas diante dos olhos, a região montanhosa à vista. A brincadeira de Marga, no final das contas, dera frutos. O primeiro lugar a que eu iria era o rio. Eu começaria onde tudo de fato começou.

Rio imprestável.

Quando me dizem que foi esse o significado de Paraíba na língua tupi, fico um pouco espantada. Maria quis ser achada num rio imprestável, barrento, turvo e, como vim a descobrir depois, péssimo para a pesca. Era inevitável pensar no que isso queria dizer — ou mesmo se queria dizer alguma coisa. Bem, é claro que queria. Que a presença de Maria é capaz de revigorar até mesmo o que parece morto? Que nem o barro é capaz de obscurecer sua luz? Essas eram apenas intuições, mas eu sabia que em algum momento, de alguma forma, eu acabaria por vislumbrar a resposta.

Foi ali que chegamos. No rio Paraíba. Mais especificamente, no Porto Itaguaçu, que fica em sua margem direita. Como eu previra, de fato dava para sentir o vento, se perder na visão das águas, contemplar as elevações à distância. Mas ficava igualmente claro que seria impossível ter a real dimensão de como eram as coisas trezentos anos atrás. Do ponto de vista físico, tudo era mais ou menos igual, é claro; mas e a experiência dos pescadores, o clima de uma sociedade completamente diferente — como captar tudo isso?

Seria muito difícil. O vale do Paraíba fora cenário de uma parte importante de nossa história. Abrigara trilhas e mais trilhas de índios; recebera colonizadores nas sesmarias concedidas na região; vira surgirem os povoados cujos nomes são hoje famosos em todo o Brasil: Taubaté, Guaratinguetá, Pindamonhangaba, Jacareí... Também vira florescer, no final do século XVII e início do século XVIII, a opulência gerada pela corrida do ouro, com as riquezas das festas religiosas, os títulos de no-

Como eu previra, de fato dava para sentir o vento, se perder na visão das águas, contemplar as elevações à distância.

breza e todas as formas de ostentação cabíveis à época. Mas, se eu olhava ali ao meu redor, não via nada dessa opulência. Minto! Via uma opulência diferente, uma opulência que vinha da fé. Ou talvez fosse melhor dizer um... vigor. Um vigor de fé. O vigor do ouro tivera vida curta, mas não a do barro enegrecido da Virgem Aparecida. Além disso, não foi nenhum nobre repleto de posses que veio a encontrar a imagem, mas aqueles três pescadores cujo nome eu agora não podia mais esquecer.

Domingos Garcia.
Filipe Pedroso.
João Alves.

Na companhia de Margarita, eu ouviria esses nomes ainda muitas vezes.

☙

Ter o cabelo curto é uma dádiva: ali, enquanto esperávamos o passeio de balsa pelo rio Paraíba, o vento só me bagunçava um pouco o topete — uma mexidinha aqui e acolá e tudo voltava ao normal. "Dez reais por cabeça", diz a bilheteria. Coisa pouca, é claro, mas eram necessárias quinze pessoas para começar. Sem mais ninguém no porto, talvez a viagem se revelasse em vão. Quanto tempo levaria até que aparecessem mais treze turistas no meio da semana?

No final das contas, a verdade é que quem tem boca não vai somente a Roma, mas também às correntezas do rio Paraíba. Conversamos com Paulo, o guia, e ele topou: iríamos só nós duas. Ou melhor, nós três: ele, Marga e eu. Três pessoas sobre o rio Paraíba, dentro de uma embarcaçãozinha, como trezentos anos atrás. E era mesmo nessa época que se passara tudo aquilo que Paulo começaria a contar. Meu primeiro contato com a história da Mãe do Brasil se iniciaria propriamente ali, acima daquelas mesmas águas. Era algo que nenhum livro, nenhum documento, poderia me proporcionar.

Em 1717, a Capitania de São Paulo abarcava não somente São Paulo, mas também Minas Gerais. Só que, se em São Paulo tudo parecia mais ou menos calmo, em Minas tudo era muito conturbado; pululavam os conflitos gerados por causa do ouro. Nesse contexto difícil, dom Pedro de Almeida e Portugal foi nomeado, em 1717, governador da capitania. Nome imponente, claro, mas na história de Aparecida ele raras vezes é mencionado. Seu título, mais curto, ganhou também mais fama. Conde de Assumar. De alguma forma, a Virgem quis se valer dele. Pode alguém, no meio do mundo, no meio da política!, prever algo assim, tão sobrenatural? E... no Brasil!

Bem, ele certamente não poderia prever que, ao partir em viagem de São Paulo a Minas no mês de setembro de 1717, não entraria para a história por razões políticas e administrativas, mas por um motivo muito, muitíssimo diferente. Percorrendo o vale, o conde de Assumar chegou a Pindamonhangaba em meados de outubro, onde ficou três dias. No dia 17, assistiu à Missa e chegou a Guaratinguetá pela hora do Ângelus, isto é, ao meio-dia. Seu trabalho administrativo foi árduo por ali, não há dúvida, e é pouco provável que ele tivesse dimensão da intensidade com que trabalharia também o povo daquela região.

Receber alguém tão importante era motivo de festa e apreensão. Paulo me conta muito detalhadamente como os pescadores locais foram todos convocados para levar o máximo de peixes possível para receber a comitiva. Entre eles, é claro, estavam Filipe, João e Domingos. Gente corriqueira, de cuja vida diversos documentos dão prova ainda hoje. Gente da qual, ali, dependeria a boa fama dos moradores do povoado.

No entanto, o rio fazia jus ao seu nome. Parecia imprestável. As redes voltavam vazias dia após dia. Paulo tenta dar a dimensão da pressão sentida por aquelas pessoas. O desespero que deveriam estar sentindo mesmo no dia 17, data da chegada do governador e sua comitiva. Não teriam nada para oferecer. Enquanto ele dizia isso, eu me lembrava de que algo na Bíblia falava sobre pesca. Fiz uma anotação mental, para que não me esquecesse de procurar quando chegasse em casa... Hoje, folheando as páginas do Novo Testamento, penso se aqueles três pescadores, em particular, não teriam suspirado olhando para o alto, dizendo o mesmo que Pedro dissera um dia: "Mestre, trabalhamos a noite inteira e nada apanhamos!" Ou será, pelo que viria depois, que pediram ajuda à mãe desse Mestre, à Virgem Maria?

O certo, segundo Paulo, é que os três pescadores começaram a lançar suas redes no Porto de José Corrêa Leite, seis quilômetros acima do Porto Itaguaçu, na margem direita. Não é possível saber, hoje, precisamente onde este porto ficava. Mas dali eles partiram em suas canoas. Mais ou menos seis quilômetros, sem peixe algum. Uma grande frustração.

Chegando ao Porto Itaguaçu, João lança sua rede. Desta vez, há algo de estranho. Um corpo. Um corpo de barro. Domingos sugere que o jovem, então com dezesseis anos, devolva o objeto ao rio. Faltava-lhe a cabeça, afinal. Que utilidade teria? João, como aquele outro João que permanecera ao pé da Cruz, não cede. Deve ter guardado o corpo ali consigo e convidado os outros a continuarem com a pesca.

Nesse ponto, um tanto quanto maquinalmente, Paulo muda de assunto. Ao contrário de mim, não parece estar especulando se, naquele momento, João já pressentia algo, se não haveria alguma coisa dentro dele que o fazia ter um zelo diferente pela imagem decapitada, um corpinho sem nada de materialmente valioso. Estamos bem perto do local onde tudo teria acontecido.

Olho então para a margem. Não muito longe do lugar de onde tínhamos saído, no porto, uma cruz bem grande e alta marca o local onde o rio faz uma leve curva. A cruz ficava debaixo de uma árvore frondosa, no centro de um jardim belo e bem cuidado, ao lado da escultura de uma família que representava os romeiros. Quem não quiser ou puder pagar o passeio de balsa poderia ver o local dali, por terra, bem de perto.

"... uma mulher veio de Rondônia há alguns anos e levou uma garrafa grande de água dali para passar na perna do marido, que tinha umas feridas infeccionadas..."

Olho para aquela água, penso que jamais a passaria na pele. Minha fé era mesmo fraca. Em vez de colocar a cabeça nas coisas do alto, fui logo colocando em xeque o saneamento básico da região.

"... e há uma semana a mulher voltou aqui para trazer o marido. Disse que a água tinha feito um milagre!"

Um outro guia, Silva, se intromete e começa a falar sobre outros milagres causados pela água. Naquele momento, eu já sequer lembrava que a história da pesca tinha ficado pela metade.

"Eu mesmo estava ficando quase cego, daí pedi à Nossa Senhora Aparecida que me curasse. Pinguei a água no olho — tinha pego ela aqui mesmo. E hoje eu enxergo muito bem, ó."

Silva se empolga. Conta da menininha de Jaboticabal que o inspirara, uma menininha que tinha nascido cega e que pedira para sua mãe trazê-la a Aparecida porque "queria conhecer a santa". Caminharam por mais de 482 quilômetros. Foram meses de romaria, mas ninguém sabe me responder onde teriam se abrigado durante as chuvas, nem o nome das envolvidas. Sou jornalista, poderia ter ido atrás delas. Ninguém sabia de nada. Apenas que, ao se aproximarem as duas da cidade, a menina apontou para o alto do morro e perguntou para a mãe: "É aquela a igreja, mamãe?"

Comento com Margarita que a água do rio é sempre diferente, que a água que passa hoje não tem nada da água que um dia passara ali. Mas, diante daqueles milagres, parecia que havia naquele rio algo sempre igual, inexplicável. A fé tornava tudo atual.

Paulo, porém, não deu margens para minhas especulações teológicas. Deve ter se lembrado de que deveria ter contado o resto da história e tentou retomar o fio da meada. Como se disfarçando o lapso, assumiu um tom teatral e o ritmo de quem havia decorado tim-tim por tim-tim o texto.

"O rapaz que havia achado o corpo da santa jogou a rede novamente..."

E Paulo fica emocionado. Era um texto decorado, um roteiro para turistas. Já o tinha repetido dezenas e dezenas de vezes. Pouco importava. "A fé de fato torna tudo muito atual", pensei. E ele continuou. João lançou mais uma vez as redes. Não tinha dimensão de tudo o que lhe estava adiante, é claro. Pensava apenas nos peixes, na necessidade de conseguir o quanto antes a quantidade de alimento que seria necessária para saciar a comitiva.

A rede retorna, ainda vazia. Peixe não há ali, evidentemente. Mas algo chama a atenção. Algo pequenino. Uma pequena cabeça, enegrecida exatamente como aquele corpo. Os pescadores a tomam nas mãos. Parece se tratar do complemento daquele corpo — e de fato o é. A cabeça se encaixa perfeitamente.

É a Virgem Maria. A Virgem grávida. A Virgem Imaculada. A Imaculada Conceição.

Eu deveria ter questionado, ali, como era possível que uma imagem como aquela estivesse naquele rio dito imprestável, com sua água barrenta, uma correnteza considerável, lodo, pedras... Duas peças em locais diferentes! Porém, na hora eu só conseguia pensar naqueles três homens. O que teriam sentido ao retirar o corpo? E ao notarem no meio da rede uma cabeça? Ao verem que a cabeça pescada era precisamente aquela do corpo? Teriam vislumbrado ali algum mistério? Teriam encarado aquilo de maneira corriqueira — ou mesmo se frustrado por não se tratar de peixes?

De todo modo, eles lançaram as redes novamente. Se repletos de esperança, se já prestes a desistir... não sei. Mas havia um objetivo a ser alcançado, uma meta a cumprir. Quem dirá o que poderia acontecer se as redes voltassem vazias novamente, e depois, e depois...?

Só que, sabemos, não foi isso o que aconteceu. O que aconteceu foi diferente. O que aconteceu foi algo que mudaria para sempre a história daquela gente, daquela região, do país. A rede veio repleta de peixes, mais do que seria possível imaginar. "Eram tantos que toda a vila se fartou, num enorme banquete", arremata Paulo.

Nesse momento, minha cabeça me trai. Um pensamento engraçado me desvia da seriedade do relato. Lembro-me de que, quando criança, rezava a Ave-Maria de uma maneira que pareceria conveniente àqueles três homens: "Rogai por nós, pescadores, agora e na hora de nossa morte. Amém." Para uma criança que pescava uns bagres com vara de bambu, rezar assim fazia muito mais sentido.

Nem Paulo nem Silva falam sobre a imagem. O passeio de balsa, afinal, durava entre quinze e vinte minutos, nada mais; não dava mesmo para ir a fundo. Eu precisaria de outra viagem. De outras viagens. Aparecida exigiria de mim muito mais do que eu imaginava. Mas, depois daquele contato inicial, de estar naquele rio, eu não poderia parar.

☙

Da região do porto, podemos ver a Basílica gigantesca e imponente...

Faltavam 210 dias para a comemoração dos trezentos anos do milagre de Aparecida.

Da região do porto, podemos ver a Basílica gigantesca e imponente, bem como o morro em que fora construída a primeira igreja com um altar para a santa; a vista da torre da Matriz, porém, é obstruída por um antigo prédio, bem alto. Parecia uma construção equivocada, dada a importância turística do antigo centro. "É um hotel e foi construído pela maçonaria, a fim de esconder mesmo a Matriz", explica o condutor da balsa.

Saímos do porto, Margarita e eu, em direção ao hotel Rainha do Brasil, que também interfere na paisagem mas não obstrui a visão, pois fica na parte baixa. Reparo que a cidade mudou muito desde a última vez em que estivera ali. Eram duas da tarde e nós fomos, finalmente, almoçar. Depois de brincar com algumas crianças no lobby do hotel, meu jejum chegaria ao fim, e com uma verdadeira comida caseira.

Antes de partirmos, quisemos ir à Basílica. Eu sabia que teria de voltar ali ainda outras vezes e que aquela ocasião era apenas a primeira de muitas. No entanto, tinha de cumprir a tradição de Margarita. Por isso, aproveitei que o santuário estava curiosamente vazio e estacionei perto de uma das capelas laterais. Logo na entrada, um totem eletrônico marca uma contagem regressiva. Faltavam 210 dias para a comemoração dos trezentos anos do milagre de Aparecida. Marga quer uma foto, é claro.

A Basílica, se comparada ao que minha memória gravara há dois, três anos, me parecia ainda maior. No final das contas, não era só impressão minha. "A última ala foi concluída; na torre estão funcionando um mirante e um museu", explica minha companheira de viagem. "Os sinos também já foram instalados no campanário desenhado pelo Niemeyer." Ainda havia homens trabalhando, mas a diferença era nítida.

Fomos direto para onde ficava a santa. Mais uma vez, pensei que deveria voltar ali apenas para estar com ela. Também pensei em retornar apenas para observar aqueles ornamentos nas paredes, os detalhes da construção. E, quando começou a me parecer que o projeto era maior do que eu, que eu não daria conta, reparei numas ondas no chão.

Representavam a correnteza do rio. O romeiro entra por um lado, sai pelo outro — passa como a água, que nunca mais será a mesma. Os romeiros vão seguindo o fluxo, mas saem diferente. Como as águas do rio Paraíba, saem carregando a Virgem dentro de si.

Naquele dia em que o fluxo de turistas era pequeno, Marga e eu fomos os galhos que se enroscam na curva do rio. Paramos bem no meio do trajeto. Encostamos na parede. Quem quisesse poderia muito bem passar, mas ninguém passou. Em frente à imagem, rezaríamos juntas um terço, mistério por mistério. E a ladainha. Marga haveria de perdoar meus lapsos de memória naquelas orações que fogem do Pai-nosso e da Ave-Maria. De repente, a tradição de rezar em frente à Virgem com o terço de pulso benzido pelo Santo Padre se tornava também minha.

Margarita rezou por mim, eu bem sei. Ela sempre faz isso. Desde que me conhecera, vinte anos antes, e me ajudara a encontrar uma igreja para batizar meu filho em São Paulo, depois que um padre não quis batizá-lo por eu ser mãe solteira. Fazia anos que eu não frequentava nenhuma paróquia em especial, e aquilo me deixara espantada. Justo o local em que eu fora procurar um pouco de apoio havia me rejeitado! Marga, cuja formação doutrinal e teológica é imensa, disse que aquilo não poderia ser assim. Que estava errado. E, graças a ela, fomos à Igreja de Santa Generosa. Eu precisava mesmo de um pouco de generosidade, e ali, em Marga, havia encontrado precisamente isso.

Enquanto Marga rezava por mim, eu rezava pela minha irmã. Rezava por ela e por todas as pessoas que se deixam levar pelo desânimo. Se houvessem desanimado, se carregados pelo pessimismo, aqueles pescadores teriam lançado suas redes mais uma vez, e outra, e outra...? Meu nome é Mariana, há uma Maria em mim. "Quem traz no corpo essa marca possui a estranha mania de ter fé na vida..." A música do Milton, que tantas vezes escutei na adolescência, me veio à cabeça bem naquela hora, no meio do terço. No final das contas, havia mesmo algo que me ligava àqueles pescadores.

Ali, diante daquela imagem, eu já começava a vislumbrar um pouco do que se tratava a relação do povo com a Virgem negra. Era uma mãe, afinal. Mãe, com maiúscula. E eu me sentia como uma criança diante dela, com o coração exposto. Eu já havia ficado triste na vida, já havia ficado desesperada, desnorteada, já sentira tantas vezes que preferiria morrer... Mas, diante de uma mãe, tudo isso é nada. Resta apenas o consolo, essa entrega completa e plena aos seus braços.

De rabo de olho, percebo essa mesma sensação em alguns rostos ali na Basílica. Preciso voltar num dia com maior movimento. Tinha de falar com as pessoas, entender melhor se elas sentem o mesmo que eu. Será que a fé é algo tão exclusivamente pessoal? Não partilharíamos com os outros esse abandono, essa confiança? Aqui, senti que essa curiosidade não vinha somente de um certo espírito jornalístico que habita em mim, mas de um desejo de conhecimento inteiramente pessoal.

A ladainha começa e deixo essa pergunta para lá. Não queria importunar Margarita com isso. Ao mesmo tempo, me ocorre que poderia fazer a ela uma surpresa.

— Marga, quero te levar a um lugar bacana. Você vai gostar.

Durante a Jornada Mundial da Juventude, em 2013, eu fiz uma série de reportagens para o *Jornal das Dez*, da GloboNews. Uma delas era sobre Aparecida e o papa Francisco. Em 2007, com a presença do papa Bento XVI, o então arcebispo de Buenos Aires, Jorge Mario Bergoglio, participara da V Conferência Geral do Episcopado Latino-americano e do Caribe — ou, em termos mais populares, da Conferência de Aparecida.

Numa das reportagens, eu mostrava onde o futuro papa Francisco tinha se hospedado e entrevistava as pessoas que conviveram com ele durante aqueles dias no Brasil. Agora, eu queria levar também Margarita até o hotel Margue, pertinho da praça da Matriz, ao lado de uma farmácia de esquina.

Ao chegar àquele lugar, minha sensação foi a mesma: um hotelzinho simples, como a maioria dos hotéis da cidade. Falei com a recepcionista, que nos deixou subir ao quarto que o argentino dividira com outros dois bispos. Três camas, um banheiro pequeno, uma minivaranda. Qualquer um pode pedir para se hospedar nesse mesmo quarto, pelo mesmo valor dos outros.

Marga, é claro, adorou. Na saída, a dona do hotel me reconheceu e conversamos um pouco. Relatou-nos algumas histórias sobre aquele hóspede gentil e atencioso, que gostava de pudim de claras e que prometera — e cumprira! — retornar a Aparecida se um dia se tornasse pontífice.

Um papa.

Bispos.

Uma jornalista.

O Brasil inteiro.

Aparecida, de fato, revelava o coração de uma mãe. Cabiam todos ali. E eu, que ao chegar ao rio achara que aquela seria uma viagem simples e definitiva, já estava certa de que havia muito naquele coração que eu precisava conhecer. "Tenho logo de retornar", pensava novamente.

E retornaria.

Uma igreja rude

Pouco antes de partirmos de Aparecida naquele 15 de março, quando passávamos perto da passarela que conduzia à antiga Matriz, Margarita me tinha apertado o braço e falado alguma coisa, mas eu estava um pouco absorta e ela teve de repetir:

— Olha ali, que lindas. Foram plantadas para a visita de São Josemaría Escrivá.

Só depois entendi que se tratava das palmeiras imperiais, imponentes, bem diante de nossos olhos. O fundador do Opus Dei, que estivera ali em 1974 e foi canonizado por São João Paulo II em 2002, havia passado duas semanas no Brasil, já no fim de sua vida, e se emocionara com a maneira fervorosa pela qual tratamos nossa Mãe.

Com a visita de Josemaría, a Basílica havia mudado um pouco. Ganhara um detalhe de carinho — de certa forma, algo muito pequeno diante da grandeza daquela construção. Na hora, após tanto tempo em pé, nada me ocorreu além daquele "Ah, legal..." que dei à Marga como resposta. Agora, porém, penso que, no universo maternal de Maria, nem mesmo um fato tão banal é sem significado...

Quando eu era pequena, minha mãe trocava sempre a toalha do lavabo quando estávamos prestes a receber visitas. Era uma nota de atenção sua, de carinho, de respeito por quem chegaria. Algo pequeno, certamente. De todo modo, demonstrava não somente a valorização de quem estava por chegar — fosse quem fosse! —, mas também a grandeza de seu coração, seu zelo e... seu exemplo: anos depois, eu mesma faço isso em minha casa, tendo ela na lembrança.

De muitas maneiras diferentes, aquela Basílica é a casa da mãe. De nossa mãe. Da mãe de todos os brasileiros. E a visita de São Josemaría não era senão mais um exemplo — um entre tantos outros — de como a casa é sempre arrumada e preparada para cada visitante. Além disso, assim como nossas visitas trazem flores e outros presentes quando aparecem, também os romeiros deixavam algo aos pés da Virgem.

A Basílica é fruto da fé das pessoas, de uma fé dinâmica. É o retrato desse movimento, dessa constante mutação. "Um enorme gerúndio!", pensei. Por isso, todas as vezes em que eu ia ali, descobria uma coisa nova.

ଔ

Alguns dias depois, fui em busca dessas coisas novas mais uma vez. Disse a Margarita que ela deveria me acompanhar de novo, que precisava olhar com mais detalhes o Santuário e que ela, então, deveria levar até o fim o que tinha começado.

— Você não vai me deixar sozinha agora, vai?

Rapidamente, sem esperar resposta, emendei com a chantagem certeira:

— Ah, e a gente pode usar o tercinho de pulso novamente. Vai perder a oportunidade de rezar mais um terço lá?

Golpe baixo.

E assim fomos. Dessa vez, sem fome, sem greve de ninguém. Sem trânsito. De semelhante, só a companhia, o destino e o sol brilhando do lado de fora. Dentro, persistia um pouco da expectativa com que eu havia iniciado a primeira visita, uma semana antes. Só que agora eu me sentia mais segura, mais desenvolta. E não tardou para que isso ficasse claro.

Reclamona como sou, não estava gostando nem um pouco do movimento no Santuário, com homens andando para cima e para baixo com carriolas e tijolos. Fiquei resmungando um pouco. Junto com o comércio que floresce próximo ao Santuário, aquilo não parecia condizer muito com a sacralidade e a serenidade que imaginamos acompanhar tudo o que diz respeito à Virgem Maria — quanto mais um local de peregrinação e oração! Mas era assim. O centenário estava chegando, e mais do que nunca a casa da Mãe precisava ser arrumada. Bem, de certa forma, toda mãe sabe o trabalho que dá arrumar a casa para uma festa...

E a verdade é que estava ficando bonito. O jubileu se avizinha, a reforma está quase no fim, tudo já se encontra praticamente pronto... Não haverá muito mais que fazer. Então me ocorre que, se eu quisesse conversar com alguém que fazia parte daquele momento, daquela história, teria de ser ali, naquele mesmo instante. Eu não presenciaria, afinal, mais nenhum centenário de Aparecida.

Alguns homens estão trabalhando perto do campanário. Deixo Marga por um momento, com o andar acelerado; inconscientemente, quero fazer aquilo sozinha, rápido. "Senso de oportunidade", diriam alguns colegas jornalistas. Mas talvez fosse apenas a sensação de que essa jornada era algo tão íntimo e particular que somente a sós seria possível realizar alguma coisa da maneira certa.

Os homens estão completando uma escada de apenas dois degraus. Não sei nem se aquilo merece ser chamado de "escada", para falar a verdade.

— Olá! Como é seu nome?

Um deles, aquele a quem me dirigi, me olha como se eu tivesse visto algo que ninguém mais conseguia ver. Sentindo-se invisível até o momento, ele me balbucia um "Pedro" meio vacilante.

— Pedro, você, que trabalha com construção: pode me dizer se faz diferença trabalhar aqui na Basílica?

Eu esperava que ele me dissesse que não, que todo trabalho é igual... Seria natural que fosse assim, claro: um trabalho após o outro, um trabalho braçal, igual independentemente de onde fosse realizado. No final das contas, aquela não era a construção grandiosa de uma cúpula, do ponto alto de uma torre, o revestimento da nave central. Só que Pedro me olhou e ficou um instante em silêncio. Não sei se pensava na resposta ou se achava curioso que alguém pudesse ter dúvida quanto àquilo:

— Faz toda a diferença, senhora, faz sim. Estou botando as pedras onde as pessoas vão pisar. Elas vão colocar os pés aqui para ficar olhando para Nossa Senhora. Não quero que caiam, nem que escorreguem. Têm de sentir firmeza no degrau. Faço isso aqui com amor, né! As pessoas que passam aqui também passam com amor, puxa vida.

Foi uma resposta inusitada, mas... também óbvia. Ao menos do ponto de vista de quem tem fé. O que Pedro dissera tinha me agradado, mas também revelava como era pequeno o meu fervor (talvez eu jamais desse uma resposta como a dele!) e, de certa forma, me fazia pensar na grandiosidade da devoção dos primeiros fiéis de Nossa Senhora Aparecida.

Pedro, no final das contas, trabalhava para a construção de um Santuário já famoso, servindo a uma devoção que já se tinha consolidado com uma das maiores do mundo. Só que houve uma época em que só aqueles pescadores, seus familiares e seus conterrâneos conheciam a imagem de barro. Houve uma época em que a Virgem negra só escutava o pedido de uns poucos. Ainda assim, nasceu no meio daquela gente um oratório, algo muito pequeno se comparado ao que eu via ali, naquela viagem. Não haveria, também na história de Aparecida, ecos daquela famosa passagem do Evangelho: "O Reino dos céus é comparado a um grão de mostarda que um homem toma e semeia em seu campo. É esta a menor de todas as sementes, mas, quando cresce, torna-se um arbusto maior que todas as hortaliças, de sorte que os pássaros vêm aninhar-se em seus ramos"?

A devoção à Virgem Aparecida começara como um pequeno grão no coração de uns pescadores. Hoje, é essa árvore enorme e frondosa que eu via à minha frente, impossível de ser enquadrada com o olhar.

Quando eu e Margarita voltamos a passear pelo porto, pudemos ver logo à sua entrada, do lado esquerdo, um oratório muito simples. Não estivesse em Aparecida, no terreno do Santuário Nacional, é muito provável que ninguém o notasse ou lhe desse valor. Por ele, séculos atrás, passavam os tropeiros e as caravanas que cortavam o interior do Brasil.

Aquela construçãozinha não estava ali à toa. Era como a casca da semente de mostarda. Fora nela que o culto público à Virgem Aparecida havia começado. Ali, os viajantes descansavam, colocavam aos pés da Mãe o êxito de suas viagens e empreendimentos, pediam graças, agradeciam o zelo materno que Maria dispensava a cada um... Ali, os peregrinos ouviam as histórias que fariam com que o culto à Virgem Maria brasileira se espalhasse rapidamente pelos quatro cantos do país.

Uma dessas histórias, certamente, é a do famoso milagre das velas. Quando, na livraria da Basílica, folheio um dos livros que estão sendo vendidos e leio sobre o acontecimento, não posso deixar de pensar que se trata de um milagre bastante... simples. Decepcionante, até. Em tantos lugares, houvera manifestações tão esplendorosas da Virgem Maria! E, no Brasil, um milagre com meras... velas!?

Não sei. Talvez me faltasse imaginação. Marga me dizia que era preciso se colocar nas cenas do Evangelho na hora de ler a Bíblia, e é possível que eu não estivesse praticando esse conselho ali, sem me colocar na cena do milagre ao ler sobre o acontecimento. Como seria estar numa capelinha construída pelo filho de Filipe Pedroso, que lhe entregara a imagem quando já velho e debilitado? De fato, não era mais possível — nem digno

— que a imagem ficasse restrita à casa de sua família. Cada vez mais pessoas desejavam estar perto daquela Mãe que aparecera de maneira tão prodigiosa. Por isso, foi preciso construir, ali em Itaguaçu, aquela capelinha.

Todos os sábados, a vizinhança se reunia debaixo de seu teto. Acendiam suas velas. Com elas, acendiam também a própria fé. Sábado após sábado, entoavam o terço, diziam jaculatórias. Em certa ocasião, quando o fim da tarde trouxera já a noite escura, duas velas de cera da terra, que lançavam luz à Senhora colocada sobre um altar de paus, se apagaram de repente e completamente. Quando a mulher de Filipe se pôs em movimento para acendê-las mais uma vez, ambas se iluminaram sem nenhuma explicação, voltando a aquecer e iluminar o recinto.

Por algum motivo que escapava à cabeça de uma jornalista que só desejava histórias espantosas, esse foi um dos milagres mais conhecidos a serem atribuídos a Nossa Senhora Aparecida. Talvez só perca, em popularidade, para o milagre dos peixes, ocorrido na própria ocasião do encontro da Virgem negra. E o milagre das velas havia ocorrido ali, naquela capelinha que eu contemplava à distância, na companhia de Marga. Independentemente do quão simples fora o milagre, era inevitável não experimentar a sensação de que estive num local que foi crucial para as pessoas, para a história. Era um pouco como a sensação de estar em alguns dos pontos turísticos que vemos pela Europa e que remetem a acontecimentos que deram forma ao futuro da humanidade.

Por causa de histórias como essa, cerca de vinte anos depois do encontro da imagem, a devoção já tinha se espalhado por todos os arredores e já chegava a locais distantes de São Paulo, Minas Gerais e Paraná. Eu, ali, mal conseguia visualizar o quão rudimentar deveria ser a região e o quão incapacitada estava para receber o fluxo cada vez maior de gente que desejava estar no oratório, conhecer a imagem de Maria e, se Deus assim o quisesse, confirmar a fama de miraculosa que circulava entre os fiéis. Mais uma vez, me faltava imaginação. Não dava para recuperar a sensação de novidade que provavelmente esteve atrelada àquela imagem misteriosa do final do século XVIII, quando todos começaram a perceber que seria necessário, o quanto antes, um local maior para abrigar a Virgem.

Construir uma igreja do zero deveria parecer um desafio e tanto — ao menos dessa sensação eu imaginava partilhar com os primeiros devotos de Aparecida. Se isso hoje me parece um empreendimento colossal, como não seria para umas famílias rudes de pescadores? Ao mesmo tempo, para quem vira tantos prodígios saindo das mãos da Virgem, levantar um edifício em honra dela seria mesmo algo fora do comum? Bastaria que o culto à Virgem Aparecida fosse reconhecido pela Igreja — mas mesmo isso não seria obstáculo àqueles homens de fé: eram claras as mãos de Maria por trás dos acontecimentos, e Maria é, e sempre foi, conhecida como Mãe da Igreja.

Diante dos milagres apresentados e da demonstração de fé do povo, o culto a Nossa Senhora Aparecida foi aprovado oficialmente em 1743. Dali em diante, seria possível construir um templo mais digno à Mãe dos brasileiros. Dos brasileiros *mesmo* — de gente sofrida e humilde: ele foi construído pela mão dos escravos de um fazendeiro da região, afinal. A Virgem que adotou o Brasil parece realmente ter predileção pelas pessoas simples, como são muitos romeiros do Brasil de hoje.

O que passaria na cabeça daqueles escravos à medida que iam erguendo as paredes de taipa de pilão, eu não saberia dizer. Não sei se tinham conhecimento do que faziam, se punham naquele trabalho — ou melhor, naquela para quem trabalhavam — algum tipo de esperança. A verdade é que, dia após dia, foram se dedicando aos detalhes da capela do mesmo modo como Pedro, três séculos depois, se dedicaria a seus degraus: com suor pingando do rosto, cansaço nas mãos e nas pernas, sentindo-se invisível a todos os que passavam. Quisera estar lá para fazer a eles a mesma pergunta que fiz a Pedro. Ou para revelar-lhes os frutos que o trabalho de suas mãos daria a nosso povo. Se soubessem...

Aquela primeira igreja foi construída no alto do morro dos Coqueiros. Curiosamente, a primeira missa celebrada ali se deu no dia em que se faz memória da mãe da Virgem Maria, Santa Ana: 26 de julho de 1745. Para a mãe da Virgem também foi dedicado um dos altares laterais da construção. O zelo das pessoas por aquele lugar talvez possa ser vislumbrado a partir do número considerável de ampliações e reformas pelas quais a capela foi passando até 1834, quase um século depois de sua inauguração.

Ainda assim, continuava a ser um lugar muito pequeno. Ao seu redor, um povoado inteiro havia surgido. O número de romeiros era impressionante para os padrões da época, e aumentava cada vez mais. Além disso, com a riqueza que chegava à região em virtude da cultura do café, seria possível erguer algo ainda mais belo e resistente. Como a fé.

(...) consigo ver bem de perto a réplica da imagem de Nossa Senhora Aparecida...

(...) encontro ainda um brasão da República, de bronze e já bem gasto...

Quem se encarregou de levantar esse novo monumento foi uma pessoa curiosa. Chamava-se Joaquim do Monte Carmelo e era um frei de personalidade difícil, que fora proibido de celebrar missas por ter desacatado seu bispo e desobedecido alguns superiores. Era obstinado, porém, e conseguiu levar a construção até o fim. Além disso, foi com ele que ocorreu um dos milagres mais comoventes da história da devoção à Virgem Aparecida — um milagre de reconciliação que seria o primeiro de muitos conseguidos pela intercessão de Maria: depois de 43 anos de construção, frei Joaquim pôde se reaproximar da Igreja e ser por ela perdoado, tendo a graça de celebrar a primeira missa daquele novo templo.

Com Marga, também quis fazer uma visita a essa antiga igreja. De cara, era como se respirasse aquele ar de templo antigo, que reconhecemos em muitas igrejas do centro do Rio e do interior de Minas. Tinha sido claramente restaurada — "também por ocasião do jubileu", pensei. As pinturas estão nítidas; a madeira, bem tratada. Os antigos vitrais, doados há mais de um século, vibram. O sol do interior faz com que brilhem ainda mais. Gosto muito dos vitrais antigos e tradicionais das igrejas. Não se veem tantas belezas assim por aí hoje. Uma pena.

Ao lado de Marga, consigo ver bem de perto a réplica da imagem de Nossa Senhora Aparecida. Por alguma razão — e não há guia que possa me explicar o porquê —, encontro ainda um brasão da República, de bronze e já bem gasto, de tanto que os devotos passam a mão nele. Acho tudo aquilo curioso, mas já me sentia cansada. O vitral é que me chama a atenção, e meus olhos ficam descansando nele de tempos em tempos. "Uma foto!", penso, puxando o celular.

Na saída, Margarita me faz parar nos degraus de mármore para contar o milagre do cavaleiro ateu, um homem que, a caminho de Cuiabá, disse que entraria na igreja com seu cavalo e quebraria a imagem da santa. "Que estranho: um cavaleiro *ateu* no século XIX!", digo. Ao tentar entrar no templo, porém, a pata do cavalo ficou presa na pedra e o cavaleiro foi derrubado da montaria. Assustado, o homem, até então agressivo, se tornou devoto da imagem, e a pedra de mármore com a marca da ferradura do cavalo nós veríamos, dali a pouco, no museu da torre.

Além da história dos pescadores, eu nunca tinha ouvido falar nos outros milagres que estão reunidos no museu da Basílica. Disse isso a Marga enquanto íamos caminhando pela passarela de volta ao Santuário. Como era possível ter passado tanto tempo distante das histórias de nossa padroeira?

No museu da torre, organizado de forma bastante caprichada, o visitante se depara, logo na entrada, com uma linda sala toda coberta de joias. Ouro no chão, no teto, nas paredes... Correntinhas, medalhas, brincos, anéis — tudo o que já foi ofertado pelos devotos em agradecimento ou reconhecimento. É lindo ver o desprendimento das pessoas em relação aos bens materiais e, ao mesmo tempo, a oferta desse mesmo bem material em troca de algo que não é tangível. Nem de longe. Penso nas histórias por trás de cada pingente, cada pulseira, cada adorno.

E penso nas que eu já deixei para trás.

No museu, em destaque, apesar de enferrujada pelo tempo, vejo a corrente de um tal Zacarias, um escravo fugitivo que havia sido recapturado pelo capitão do mato e estava sendo conduzido de volta ao fazendeiro a quem então pertencia, em Minas

Gerais. Pediu ao feitor que, durante o trajeto de volta, fizessem uma parada para que ele dirigisse uma oração à Virgem Aparecida. Durante a prece, as correntes grossas, presas ao seu pescoço e pulsos, se abriram.

O milagre impressionou o feitor, mas não a ponto de interromper seus afazeres. Mesmo depois de ter presenciado a cena, ele levou o escravo de volta a fazenda e só então, após relatar ao fazendeiro o que havia acontecido, Zacarias foi libertado. Devoto agradecido, o ex-escravo regressou a Aparecida a fim de ajudar na construção da Basílica.

A figura de Zacarias — uma imagem que eu criava, agora sim, com a imaginação — me volta sempre à cabeça. Certamente, as pedras que ele colocou naquele templo não podem ser identificadas... Mas com que zelo não deve ter trabalhado, impulsionado pela sensação que só uma mãe pode proporcionar: a sensação de que somos únicos, protegidos, acalentados e, no final das contas, salvos, libertos!

Eu era mãe, e havia uma Mãe cuidando de mim do céu. Esse sentimento invadiu meu coração. E até hoje não sai dele.

༺༻

— Não sei bem o que acho dessa Basílica, Marga. É tão... diferente — confesso assim que retornamos para a Basílica Nova.

Olhando para a construção fixamente, com as mãos fazendo sombra sobre os olhos, eu não sabia dizer bem o que me deixava inquieta com relação àquele monumento gigantesco.

Muito, muitíssimo diferente da Basílica Velha, com seu estilo barroco. "Por que um estilo tão distinto do outro?"

Bem, as duas foram construídas em épocas bastante diferentes, é claro. E a nova teria, além disso, de acolher um fluxo de peregrinos incomparável. Já no início do século XX, era consenso que algo novo precisava ser erguido, algo que pudesse dar aos romeiros o atendimento de que necessitavam. E essa sensação só veio a crescer com o passar do tempo — desde as décadas de 1910 e 1920, quando a ideia passou a ganhar força, e a década de 1950, quando as obras de fato começaram.

Além disso, naquele projeto havia também algo de universal, algo que representava não só o gosto arquitetônico do nosso século, mas também a forma como a fé se materializava, no século XX, nas construções religiosas. Afinal, ao longo da elaboração do projeto de nossa Basílica, o arquiteto responsável, Benedito Calixto de Jesus Neto, passou cinco anos viajando pelo mundo a fim de recolher informações que o ajudassem a dar forma à casa da Mãe Aparecida. Foram muitas as inspirações, vindas em especial do Santuário Nacional da Imaculada Conceição, em Washington, com o qual o nosso realmente se parece.

Mas há algumas diferenças, e umas diferenças muito significativas. Porque a fé em Maria é universal, mas a relação com Nossa Senhora Aparecida é muito nossa. Por mais que me causassem inquietação aquelas linhas demasiadamente retas, eu estava na casa da Mãe. Ficava inquieta, mas estava em casa. Todos os brasileiros ali, comigo e com Marga, também estavam.

E aí eu penso se aquela construção não seria reflexo perfeito daquilo a que ela remete.

Em primeiro lugar, ela é meio de terra, de tijolo vermelho — de barro. Essa é a primeira coisa que notamos. Seu tamanho e essa cor barrosa. Do barro de que todos somos.

— Ô, Marga. Na Bíblia diz que o homem é feito de barro, não é?

— Oi? Sim, está lá no Gênesis — responde ela, sem saber aonde eu queria chegar com isso. — "O Senhor fez o homem do barro da terra e soprou suas narinas..."

Muito bem: eu não estaria tão teologicamente equivocada se dissesse que, de certa forma, aquela construção representava um pouco de todos nós, acolhendo a Mãe em nosso interior, em nosso coração. Ela estava lá dentro, afinal, e aquelas paredes de barro eram como a gente. Decidi, porém, guardar a conclusão para mim. Não queria pagar mico ali.

No entanto, Margarita me provocaria sem querer:

— Parece que o material da Basílica é o mesmo da imagem da Virgem — arrematou.

— Então é como se a própria Virgem estivesse nos recebendo dentro da Basílica, não é?

Uma teóloga!

Brincadeiras à parte, aquilo fazia mesmo sentido. A construção, feita do material da Virgem, parecia representar Nossa Senhora abrindo seu coração para os romeiros. Maria abria sua casa, seu corpo, seu coração, para eles. Ao mesmo tempo, se o barro também remetia ao barro de que somos feitos, era só ligar os pontos: aquela Basílica era como que a mistura entre a mãe e seus filhos.

Um abraço.

Um abraço de Mãe.

Não sei se os arquitetos e construtores tinham pensado nisso, mas, por um segundo, toda a inquietação que eu sentia com relação à construção se dissipara. E assim ficou até Marga tratar de me tirar de meus devaneios. Eu não fazia ideia do quanto ela sabia sobre Aparecida:

— Se eu não me engano, a torre tem mais de cem metros de altura. A cúpula ali do meio deve ter uns sessenta. Se você pegar um helicóptero e olhar de cima, toda a Basílica parece uma cruz grega, com cada eixo igual ao outro. No meio dessa cruz é que fica a cúpula grandona. Lembra um pouco a Basílica de São Pedro, no Vaticano. Deve ser para mostrar a unidade entre Aparecida e toda a Igreja.

— Caramba, Marga. Você trabalhou como guia aqui?

Ela ri e, fingindo se gabar, diz que a construção de tudo aquilo demorou 25 anos e que ali há cerca de 15 milhões de tijolos. Eu devolvo a risada zombeteira e lhe faço uma careta, mas por alguma razão me vem à cabeça, mais uma vez, Zacarias. Quantas mãos não teriam sido necessárias para construir esse novo santuário... Teriam trabalhado como aquele ex-escravo? Também me lembro de Pedro, o construtor dos degraus, ali tão perto de mim. Sim, o amor à Virgem se perpetua. Quantos daqueles tijolos não teriam sido colocados lá como oferta consciente e piedosa de um filho à Mãe?

E havia também a rudeza. Sim, a construção, aquelas cores... Tudo parece um pouco rude, é preciso admitir.

— Marga, fica feio falar num livro que a principal igreja do país é rude?

— Ué, Mariana, rude não é o mesmo que feio. E parece bem rude mesmo, olha só.

Bingo! Rudeza e simplicidade não eram feiura. Muito pelo contrário. Eram parte da identidade de Aparecida. Os pescadores que encontraram a imagem eram gente simples, rude, humilde. Os escravos que haviam erguido a antiga Basílica e que faziam parte daquela história também eram rudes. O povo sofrido e angustiado que percorria centenas, às vezes milhares!, de quilômetros motivados apenas pela fé também tinha esse quê de rudeza. Todo o Santuário remetia à sua própria história, no final das contas. E sua história estava mesclada à do nosso povo mais humilde.

Tudo isso, porém, muda quando você coloca o pé dentro da Basílica. À rudeza que eu experimentava do lado de fora, somava-se uma sensação diferente, causada por uma profusão de azuis. Começa quando ergo o olhar para a lateral e encontro uma série de representações da vida de Cristo. O batismo de Jesus eu reconheci; a transformação da água em vinho, também. Marga me ajudou com os outros. Tudo envolto pela cor do manto da Virgem Maria, em diversas variações: azul-turquesa, azul-cobalto....

Seguindo o azul com o olhar, algo me chamou a atenção. Há um Cristo bastante triunfante, sobre um fundo dourado que parece um Sol. Bem, a imagem de Cristo assim é bastante comum. Já devo ter visto em algumas igrejas ao redor do mundo, e até do Brasil. É como um ícone antigo. Só que, em ambos os lados daquela representação do filho de Maria, há a imagem de várias mulheres, alongadas e brancas. São muitas, e parecem caminhar na direção dele. Na direção da luz. Uma delas, bem perto de Cristo, tem um livro nas mãos.

— Olha lá. Deve ser uma santa escritora. Melhor pedir a ela que este meu livro saia direitinho.

— Santa Teresa, talvez? — replica Marga.

— Será? Nunca vi tanta santa junta.

Com aquelas santas ali, noto que a Basílica, mesmo tão rude e tão crua, possui um lado feminino muito profundo. Claro: é a casa da Virgem, com os toques de delicadeza que toda mãe impõe ao seu lar. Mas tudo ali dentro, todos os detalhes, parece exalar a sensibilidade da mulher. É nos detalhes que o olhar feminino mais se revela, afinal. Na toalhinha do lavabo de minha mãe, por exemplo.

Começo a observar melhor alguns detalhes que meus olhos já tinham visto, mas sem se deterem muito. São tantas as minúcias que a gente passa por alto de praticamente todas, e às vezes fico com a sensação, ou a certeza, de que os artistas e os arquitetos não chegaram a pensar em cada uma das mensagens que aquela construção pode transmitir a alguém um pouco mais atento.

Um exemplo: as jaculatórias que estão acima da entrada de cada capela lateral. Talvez isso seja fruto da experiência que é prestar atenção aos detalhes do santuário, mas elas começaram a me parecer orações saídas dos lábios de uma mãe que acalenta seus filhos. Como um dia eu havia acalentado Heitor. Ou sido acalentada por dona Maria da Glória, minha Maria particular.

Panis Angelorum cibus viatorum.

Dominus domum Joseph concredidit.

Meu latim é nulo. Poderia pedir que Marga me ajudasse a traduzi-lo, mas não quis fazer isso. Não importava. Aquelas palavras saíam da boca da Virgem, independentemente do idioma. Da boca de quem dera à luz o Filho de Deus.

Dar à luz. Fecundidade. Era isso. A fecundidade da natureza, com as imagens de peixes, sapos, flores, capim. O sol e a lua. A fauna e a flora. A vida humana, representada por um bebê.

Tudo isso dizia respeito a Maria, de alguma forma.

E tudo isso estava estampado naquelas paredes.

Quando volto o olhar para a esquerda, o azul vai se abrandando em tons de lilás, turquesa e verde. Sobre o lilás, alguns retratos que não conseguia identificar. Um escravo, alguns religiosos. Alguém trazendo o que Marga identificou como um ostensório, exibindo para todos a Hóstia. Logo, porém, envolto pelo rosa e pelo lilás, noto outras imagens que consegui identificar imediatamente. Que qualquer um, penso eu, identificaria: Jesus sobre o burrico, entrando em Jerusalém enquanto o povo o saúda com ramos. Jesus lavando os pés dos discípulos. Jesus na Última Ceia, com os apóstolos. Jesus rezando enquanto alguns discípulos dormem. Jesus carregando a Cruz. Jesus morto. Morto, e com Maria de pé ao seu lado.

Até então, era a primeira vez que o sofrimento de Maria surgia naquela viagem. Maria sofreu, e sofreu muitíssimo. Ter um filho injustamente imolado. Ela sabia de quem se tratava, a origem divina e misteriosa de Cristo. Mas, no caminho até sua morte, seu filho foi humilhado. Cuspiam nele, davam-lhe bofetadas. As mesmas pessoas que o tinham visto fazer tantos milagres, tantos prodígios, agora eram como... carniceiros?

E assim, às minhas costas, o azul voltava junto com um monte de homens estampados sobre a parede...

Perder um filho é o terror de toda mãe.

Não há nenhuma que consiga sequer pensar no assunto por mais de alguns segundos.

Por isso mesmo, naquela hora, me vem à cabeça meu filho Heitor. Longe, tendo aula, sem desconfiar da dor que atravessava meu coração só em imaginar que lhe sucedesse algo semelhante ao que vivenciara Maria. Rapidamente, reflito que muitas pessoas que vão até Maria só o fazem por saberem que ela entende bem o sofrimento.

Sofrimento.

Sou fraca, não quero pensar nisso. Volto mais uma vez para a Basílica. Meu compromisso com a viagem é a desculpa que dou a mim mesma.

E assim, às minhas costas, o azul voltava junto com um monte de homens estampados sobre a parede, todos com auréolas indicando que se tratava de gente importante, de gente santa. Não era mesmo difícil descobrir que algumas daquelas figuras representadas eram os apóstolos, a começar por Pedro, com a chave nas mãos. Estavam todos ali, assim como uns outros que me pareciam curiosos.

— São homens importantes do Antigo Testamento — diz Marga.

— Se eu não consigo identificar nem os do Novo...

Achei interessante que houvesse um com uma escada. Outro tinha um esqueleto impresso sobre o manto.

— Aquele ali com as tábuas é Moisés, não é? São os Dez Mandamentos...

Marga confirma e eu faço cara de quem sabe tudo, como se tivesse vencido um desafio. Mas não quis perguntar qual o sentido daquela escada e daquele esqueleto. Também não percebi que havia o nome de cada homem ali embaixo. "Vou perguntar para o Dal quando chegar em casa. Passo menos vergonha", pensei. O marido saberia explicar. Ou pelo menos o Google.

De repente, algo muito mais leve. Um verde que mudava de tom, passando do escuro para o claro. Havia alguns turistas ao meu lado. Era gente que sabia das coisas, pois entreouvi que as representações diziam respeito ao que Jesus fizera depois da Ressurreição. Porque, claro, a dor de Maria que eu contemplara antes não era a palavra final. A morte não era definitiva. Será que, aos pés da Cruz, foi essa a certeza que a deixou de pé?

Ou melhor: será essa a certeza que trazia tantos romeiros ali?

O sofrimento passa, e Maria é o sinal disso.

Um sinal seguro.

Por isso, aquele verde tinha sido uma escolha acertadíssima. Maria, mãe da esperança. Mãe da fé. Mãe dos que sofrem. E — por que não? — mãe da alegria.

Num daqueles painéis que retratavam a vida de Jesus depois da Ressurreição, Jesus não estava presente. É curioso isso. Estava ali Maria, porém, rodeada dos apóstolos. Uma língua de fogo pairava sobre a cabeça de cada um. A Mãe no centro, seus filhos ao seu redor. Como me vê prestando um pouco mais de atenção a esses azulejos, Marga faz que vai me explicar. Bem, ela conhece minha ignorância. É bom ter amigas assim: a gente se sente à vontade.

— É Pentecostes, quando o Espírito Santo desceu sobre os apóstolos e Maria.

Pentecostes.

Claro.

Mas ali meu *insight* era outro.

Os apóstolos ao redor da mãe.

Maria ao centro.

Quando me virei para o lado direito, lá estava ela. No centro. À distância, mas no centro. Era possível identificar a ornamentação dourada, um sol, que circundava o nicho em que a Virgem Aparecida havia sido depositada. Meu olhar pousa sobre a imagem escura de Nossa Senhora, protegida por um manto azul-escuro.

Estávamos ali como no dia de Pentecostes, então. Todos nós que havíamos acorrido ao Santuário. Maria estava no centro. Cada um de nós, aos seus pés. No dia em que desceu o Espírito Santo sobre ela e os discípulos, aqueles filhos deveriam se sentir muito à vontade em sua presença.

Marga me conta que o Espírito Santo é o amor de Deus.

Aos pés de Maria, sentimos mesmo isso.

Ergo o olhar e, acima do nicho da Virgem, três arcanjos parecem vir do céu, escoltando a imagem. Em cada lado daquela escultura de barro, uma nova explosão de azul, dessa vez trazendo uma nova representação de mulheres. Depois, eu descobriria que são mulheres do Antigo Testamento, cada qual trazendo em si algum traço que viria a existir em Maria, como se fossem todas alguma prefiguração da Virgem.

Na cúpula, bem no alto, em português, para que não haja dúvidas de que é a casa do brasileiro.

Vou caminhando devagar. Paro na frente de uma espécie de tablado, no qual o coro da Basílica permanece durante as grandes celebrações. Dali, é possível ver a imagem, é possível se sentir parte daquele grupo de mulheres.

Elas tiveram, todas elas, algum traço que Maria ostentou em plenitude.

Assim como eu, certamente.

Assim como Marga.

Assim como tantas ali.

Maria, a mulher elevada ao máximo da feminilidade.

A Basílica começa a me agradar mais ainda por ter, no alto da cúpula, a oração da Ave-Maria escrita em bom português. Como isso deve fazer diferença para o romeiro! Bem, as pessoas que não sabem latim, como eu, devem apreciar o fato de terem total compreensão do que veem quando elevam os olhos e, no círculo mais alto, encontram as frases estampadas ali.

Na cúpula, bem no alto, em português, para que não haja dúvidas de que é a casa do brasileiro.

Daquele espacinho onde recebe a visita de tantos peregrinos, Nossa Senhora Aparecida olha para o altar. É curioso, pois ela parece dizer para o altar exatamente aquilo que o artista escreveu ao redor do nicho que a abriga: "O Espírito e a esposa dizem: Amém. Vem, Senhor Jesus." Para os católicos, Jesus vem sobre o altar, está inteiramente presente no pão e no vinho após as palavras de consagração que o padre profere quase ao final da Missa. Maria, ali parada à espera dos peregrinos, parece esperar também seu Filho sobre aquela mesa de pedra, no centro físico do Santuário.

Acima do altar, vejo um crucifixo enorme, de aço. Estou cansada e quase não consigo me concentrar. Vejo que tem linhas simples, é vazado. O corpo de Jesus é um espaço não preenchido. Mentira. De onde quer que se contemple a triste figura do Cristo morto, ele é preenchido por luz.

Esse fulgor espanta um pouco o cansaço. Acima de cada nave, um vitral imenso, em forma de rede de pesca, parece concentrar em si a luz que vem de fora e faz explodir no interior um festival de cores, com a predominância do azul.

De onde me coloco, então, algo mágico acontece.

Olho para o Cristo vazado. Ao fundo, um vitral enorme — quase todo azul, mas com um círculo vermelho bem em seu centro. O círculo vermelho e o coração de Jesus estão alinhados. O coração daquele que morreu na cruz é inundado pela cor rubra que vem do vitral. É um coração que parece pulsar.

Lindo.

Lindíssimo.

É meu lugar favorito na Basílica a partir de agora, e de onde estou dá para ver perfeitamente que fora essa mesma a intenção.

Maria, do nicho onde se encontra, contempla também o coração de seu filho tão amado.

Um coração que ela conheceu tão bem.

Maria, do nicho onde se encontra, contempla também o coração de seu filho tão amado.

No meio de tantas histórias e rostos

— Amor, sai de trás desse caminhão!

Deve ser muito irritante, para o meu marido, ter a esposa no banco do carona, pois essa provavelmente é a frase que mais falo quando viajo ao seu lado. Dal é um homem bom, um homem paciente. Bem, eu não sou má, mas em termos de paciência...

Naquele 8 de maio, porém, quase dois meses após minha primeira ida a Aparecida, eu dormi. Sem as minhas instruções — ou melhor, minha única instrução: "Sai de trás desse caminhão!" —, é bem provável que demorássemos alguns minutos a mais até chegar novamente ao Santuário. Mas eu não aguentei. Estava com sono, era muito cedo.

Estranhamente cedo, na verdade. Dalcides trabalha até o início da madrugada e chega em casa tarde. Por isso, quando o vi levantando às cinco e meia da manhã, fiquei encucada.

— Que houve? Está passando mal?

— Nada. Tenho de ir a Aparecida para uma missa. Vai passar na TV. Com os bispos.

Dalcides trabalha numa emissora católica, e em Aparecida havia acabado de ser concluída a Assembleia Geral da Conferência Nacional dos Bispos do Brasil, a CNBB. O Santuário ainda deveria estar fervilhando como resultado da presença de tantas autoridades, reunidas para discutir os temas que a Igreja no Brasil acredita serem os mais relevantes hoje para os fiéis do país. Era importante estar lá. E eu, é claro, não queria perder mais nenhuma oportunidade de visitar a Basílica. Estava há quase dois meses sem vê-la, e sentia que precisava de um fôlego novo. A chance era aquela — ainda que fosse às cinco e meia da manhã.

Para acordar, eu contava com a motivação de um desaforo ouvido alguns dias antes. Havia dito a uma amiga, um tanto quanto de passagem, que não conhecia nada bem a história de Nossa Senhora Aparecida. Antes sequer de dizer que estivera me dedicando a isso, ouvi como resposta um "Mas que católica de araque!" — em tom meio de brincadeira, mas o suficiente para me deixar um pouco desconcertada.

Não respondi ao comentário. Jamais me parecera obrigatório conhecer a fundo as devoções, ainda que se tratasse de uma tão importante para o país. Aparecida nunca me fora muito próxima, como já mencionei. Bem, ela tinha razão de certa forma: era uma lacuna. Mas... "católica de araque"?! Bem, eu não ia discutir. A Quaresma havia terminado há pouco tempo e eu ainda vivia sob a decisão de tentar não perder tempo julgando as pessoas. Além disso, era bom admitir minha ignorância. Um "não sei" muitas vezes nos livra da obrigação de falar sobre o que a gente desconhece, de ter de agir como se fosse exemplo para os outros. E ainda me dava espaço para aprender.

Aquela viagem havia sido muito diferente das outras duas. Estávamos num 8 de maio frio e tomado pela neblina. A cerração deixava o sol parecendo uma lua cheia, uma bola branca atrás das nuvens, não tão resplandecente. Era uma manhã típica de São Paulo, em que demoramos a "pegar no tranco" para começar o dia. Conosco, iria também Ivana, a minha cunhada, com quem eu esperava conversar bastante ao longo do caminho. Mas, o sono venceu.

Com Dalcides e Ivana, o espírito da viagem era um pouco diferente. É preciso admitir que tinha menos aquele "espírito do romeiro". Não havia o desconforto do trânsito parado, não havia fome. Apesar da pressa, chegamos a fazer uma pausa para comer um pão de queijo com café no meio do caminho. Eu estava ainda mais à vontade, não sei bem o porquê. O clima feio não me intimidava. Era como se eu estivesse fazendo algo rotineiro. Não era descaso, longe disso. Talvez estivesse... tratando a Mãe com mais naturalidade?

☙

Um pouco antes das nove da manhã. Foi esse o horário em que chegamos ao Santuário. Pouco antes da hora da missa, aliás. Dalcides foi rapidamente encontrar alguém da emissora. Quando percebi, Ivana estava rezando. Então fiquei ali, perto da imagem, prestando atenção nas pessoas que passavam. Como achei que ficar encarando os outros pudesse parecer assustador, tentei folhear um livrinho do padre Júlio Brustoloni que uma amiga tinha me dado e que contava muito bem, e com bastante detalhes, alguns dados sobre a história de Nossa Senhora Aparecida. Mas logo me distraí de novo. Para facilitar as coisas, me convenci de que não havia nada de errado em ficar observando meio que por alto o vaivém dos fiéis que estavam ali.

Enquanto a missa não começava, a variedade de pessoas que passava por mim era reveladora.

Um homem de óculos escuros e um enorme bigode preto foi o primeiro. Forte, musculoso. Parecia o caubói daqueles anúncios da Marlboro de antigamente. Um olhar mais atento e vejo lágrimas escorrendo pelo seu rosto, com a barba por fazer. "Se eu visse esse homem na rua, *jamais* diria que era um devoto de Aparecida", penso. "Jamais diria, aliás, que seria capaz de chorar assim."

Aquilo me deixou um pouco desconcertada. E não só aquilo: logo eu teria outro exemplo de que, em matéria de fé, não dava mesmo para ter preconceitos.

Enquanto eu estava ali parada, pouco depois de ter reparado no caubói da Marlboro vertendo lágrimas, passa por mim um daqueles roqueiros bem típicos, da velha guarda: camisa de banda da década de 1970, corrente de prata, pulseira de couro, botas. Dava para apostar que tinha chegado ali numa daquelas motos Harley-Davidson que volta e meia vemos na estrada. "Deve ter vindo acompanhar a mãe, não é possível", decretei. Mas não. Seu rosto estava vermelho como o do outro — o rosto de quem havia chorado diante da Mãe.

Senhorinhas, estas eram muitas. Passou logo depois uma carregando um pacotinho cor-de-rosa. Era um cobertor que praticamente não deixava vislumbrar a pequena Michelle, de quatro meses. A vovó a tinha trazido para apresentar à Virgem, para colocar a garotinha sob sua proteção, sob seu manto.

Ali perto, três viúvas rezavam o terço, de braços entrelaçados, carregando sacolas já repletas de lembrancinhas. Eram amigas. Dava para ver que estiveram unidas nos momentos bons e ruins, nas incertezas e nas conquistas. E, como na oração apresentamos a Deus, pela Virgem, nossas alegrias e tristezas, nossas aflições e obstáculos, estavam também unidas na oração. Eram tão fervorosas que, por um momento, quase pedi que rezassem também por mim.

Em seguida, uma família inteira. Sotaque de paranaenses. Pai, mãe e três filhas lindas, umas graças. Os cinco loiros, de olhos azuis, a pele queimada pelo sol. Logo descubro o porquê. Consigo entreouvi-los agradecendo o feijão, o milho, o pão. Eram agricultores. Estavam dando ação de graças pela colheita. Estavam convictos de que os bons resultados haviam sido frutos da intercessão da Virgem negra, cuja pele era tão diferente da deles.

Naqueles minutos que antecediam a missa, vi gente muito simples. Gente muito, muito humilde.

Quase instintivamente, meu olhar vai para o chão. Não sei se foi uma reação inconsciente diante da fé tão pura e profunda de quem eu via ali. Se comparada à minha, afinal... Só me restava olhar para o chão meio envergonhada. De todo modo, também por ali eu vejo sinais de humildade: pés cansados, muitas sandálias, sapatos velhos e surrados, solas gastas. "Gastas de tanto andar", penso. E depois me pergunto quantas daquelas solas não estariam gastas de tanto caminhar em peregrinações, romarias, procissões. Quando se tratava do povo, a fé poderia muito bem ser comprovada nos detalhes materiais.

Quando ergo o olhar mais uma vez, noto que talvez eu fosse a única ali a ter baixado os olhos naquele santuário. Tudo convida a olhar para cima, a começar pela imagem da Virgem. De fato, são tantos os olhares para o céu... Olhares que parecem não se deter nas paredes ornadas da Basílica, mas atravessá-la em busca do infinito. Outros conseguem contemplar o sagrado com as pálpebras fechadas, concentrando-se nas próprias palavras e no próprio fervor.

Todos ali, com exceção de alguns pequeninos que devem agradar a Senhora ao correrem por ali e fazerem as coisas típicas das crianças, têm uma experiência muito íntima e pessoal com a mãe do Brasil.

Sinto-me tão pequenina. Tão pequenina que, quase naturalmente, sai do meu coração uma prece. Uma prece muito breve. Talvez o segredo esteja em se sentir pequeno mesmo.

— Ô, minha Mãe, me ajuda a ser como essa gente.

☙

Pouco depois, na frente da imagem, para uma senhorinha. Mais uma. Agora, vinha ajudada pela filha. Tinha cabelos brancos, na altura dos ombros, presos somente nas laterais com um grampo grande. Vestia uma camiseta com a imagem de Nossa Senhora, um casaco azul e, nos pés, chinelos e meias. Ela reza, é claro, e pelas expressões de seu rosto parece estar agradecendo. De repente, contrastando com aquela imagem de simplicidade, retira uma nota de cem reais de sua bolsinha e deposita no cofre das ofertas, ali em frente à santa.

"Cem reais... Caramba."

O pensamento foi imediato. Cem reais não era uma oferta assim tão corriqueira. E, para aquela senhora, devia se tratar de uma quantia que poderia comprometer seu mês, não sei.

Vou até ela.

Dona Aparecida é o seu nome. Que nome conveniente. Quando pergunto sua idade, diz que tem "quase cem", mas logo é mais precisa: 89 anos. Dona Aparecida nascera numa fazenda em Minas Gerais e passara a vida inteira por lá. As únicas viagens que fazia eram para o Santuário.

A filha, Geralda, está ao seu lado e me diz que a mãe ficara cega alguns anos antes e não podia mais sair da fazenda. Há cinco anos não vinha a Aparecida.

— E a senhora já recebeu alguma graça? — pergunto.

Agora, vejo que a pergunta era meio tola. Era claro que já havia recebido uma graça. Várias. Era evidente que Nossa Senhora tinha um lugar especial, sob seu manto, para gente como dona Aparecida.

— Eu estou aqui por causa de um milagre, minha filha. Voltei a enxergar.

Dona Aparecida continua a rezar. À filha, pergunto se ela havia feito alguma cirurgia, e a filha me responde que sim.

— Mas quem me devolveu a visão foi minha madrinha! — complementa a senhora, interrompendo a oração.

Dona Aparecida está com pressa. Quer ir até a Capela do Santíssimo. Não posso atrapalhá-la.

༒

Fico, também eu, para a missa. Não demorou a começar. No momento das ofertas, penso na dona Aparecida. Faço uma oração por ela, coloco ela sobre o altar. Também quero fazer uma doação ao Santuário. Abro a carteira e pego o que tem ali. Cem reais, assim como a oferta daquela senhorinha. Era a mesma quantia, mas eu jamais conseguiria dar tanto quanto ela. Jamais.

Comungamos. A parte da missa que mais toca meu coração. Quando o padre começa: "Estando para ser entregue e abraçando livremente a Paixão, ele tomou o pão, deu graças, e o partiu e deu a seus discípulos, dizendo...", começo sempre a me sentir parte da Última Ceia, parte da vida da Igreja, parte do Amor de Cristo. Não sei explicar.

Tomai, todos, e comei: isto é o meu Corpo, que será entregue por vós.

A comunhão em Aparecida é diferente. Não sei bem explicar. Não sei se a presença de Nossa Senhora ali, tão forte, nos dá nova força interior. Naquele 8 de maio, uma sensação de leveza percorreu meu corpo e eu fiquei completamente em paz. Por conta disso, demorei para perceber que a missa havia terminado.

Ide em paz e o Senhor vos acompanhe.

Em paz, na presença do Senhor, no meio de tantas histórias e rostos — rostos tão desconhecidos, tão diferentes e, ao mesmo tempo, iguais.

Ali ao meu lado, mal terminada a missa, um homem me chama a atenção. Não parece se importar muito com a quantidade de pessoas tendo de desviar dele, andando para todas as partes da Basílica agora que a celebração havia terminado. Está de joelhos, junto a uma das colunas. Tinha os olhos fechados, contraídos, como se estivesse fazendo força para tornar as palavras de sua oração mais eficazes. Curiosamente, estava segurando uma daquelas velas enormes, do tamanho de um adulto.

Pagava uma promessa, evidentemente, e de maneira instintiva tento me lembrar de alguma promessa feita na família.

Meu pai, em primeiro lugar. A mais significativa de todas as promessas que já vi. Ele teve um tumor ósseo no crânio e precisou de uma cirurgia bastante delicada para a época de 1970. Ia tirar metade da tampa da cabeça e colocar acrílico no lugar. Só de imaginar, mesmo tantos anos depois, essa imagem me dá arrepios. Eu deveria ter uns cinco ou seis anos, e então não conseguia entender muito bem o que se passava. Sentia apenas o clima tenso, a sensação de estarem preocupados. E me lembro, é claro, de minha avó pedindo que eu rezasse "para Maria, a mãe de Jesus".

A imagem na casa de minha avó ficava muito no alto. Eu, à época ainda Nana para os adultos, mal conseguia enxergá-la. Mas me lembro de ter pedido, de joelhos e com as mãos postas, para meu pai voltar bem do hospital. E também chiclete sabor *tutti-frutti*.

"Quem diria", pensei. "De certa forma, fui eu a fazer a primeira promessa de que me recordo, ainda criança. E para Maria. Esta Maria aqui."

Aquela não fora a única ocasião em que eu tive contato com essa forma de manifestar a fé. Quando já restabelecido e bem forte, meu pai teve de pagar a promessa do caseiro de nosso sítio em Amparo, o Sílvio. Gente finíssima. Sempre de chapéu e cigarro de palha na boca, com um bigodinho fino e grisalho, a pele repleta de sulcos feitos pelo sol. Era o responsável por levar as crianças para andar de charrete e por tirar leite da vaca direto para as nossas canecas.

Pois Sílvio prometeu algo para meu pai cumprir: construir uma cruz enorme e pesada. Meu pai serrou a madeira, pregou, pintou; depois, com as crianças todas em volta, torcendo por ele, carregou-a por cerca de um quilômetro até um local na beira da estrada, onde havia um riacho. Ali, sob a sombra de um bambuzal, a cruz de madeira maciça ficou por alguns anos, até apodrecer.

Nunca soube bem por que raios meu pai cumpriu a promessa feita por outra pessoa. Mas, de alguma forma, sentiu que era seu dever cumpri-la. Talvez fosse uma forma de gratidão, tanto pelas orações de Sílvio quanto pela intercessão de Nossa Senhora. Gosto de pensar que meu pai carregou aquela cruz para se tornar ainda mais filho de Maria.

Meu pai deveria mesmo gostar de Sílvio. Pouco tempo depois, meu tio José Eduardo fez uma promessa para que meu pai cumprisse. Não era nada fácil — cruzar de joelhos a passarela que ligava as Basílicas em Aparecida. Carlos Arthur, meu pai, respondeu que não iria, de jeito nenhum. E foi irredutível. Quem pagaria a promessa seria seu irmão e ponto final.

Quando perguntei por que meu pai sequer questionara Sílvio, mas se recusara a fazer o que seu próprio irmão prometera, ele me explicou que havia uma grande diferença entre os dois. Sílvio tinha a pureza da gente simples. O irmão, por outro lado, sabia muito bem que ele não pagaria promessa nenhuma.

Eu ia rindo, distraída, enquanto recordava essas histórias, mas a expressão "pureza da gente simples" ficou ecoando na minha cabeça. E, convenientemente, foi com ela na cabeça que adentrei, pela primeira vez na vida, a Sala das Promessas.

Era uma visão impressionante. O teto todo coberto por fotos de devotos chamava logo a atenção. Algumas estavam emolduradas; outras, tingidas pelo tempo, pareciam pertencer a uma época em que fotografia era um luxo para poucos. Muitas daquelas fotos deveriam ter sido as únicas tiradas por seus donos. E estavam ali, todas entregues à Virgem Maria.

A todas aquelas imagens, juntavam-se muitos outros objetos: convites de casamento, diplomas universitários, troféus esportivos, instrumentos musicais, discos... Até vestido de *miss* era possível ver.

Não há nenhum âmbito da vida das pessoas que não possa ser entregue a Nossa Senhora.

Ainda no alto, via algumas bandeiras, como se fossem estandartes. Iam das mais refinadas às mais simples. Algumas, com

O teto todo coberto por fotos de devotos chamava logo a atenção.

Ronaldo Fenômeno, em primeiro lugar. Havia uma imagem sua agradecendo.

bordados; outras, escritas à mão. Eu me perdia, e tive de baixar os olhos para não bater nas pilastras. Logo, comecei a enxergar alguns rostos conhecidos.

Ronaldo Fenômeno, em primeiro lugar. Havia uma imagem sua agradecendo. Tinha voltado a jogar depois de uma lesão no joelho. Aquele era só mais um dos objetos relacionados a futebol ali. "Maria deve ter mais o que fazer!", penso. Mas logo recordo o propósito quaresmal que ainda estava tentando conservar. "Fecha a matraca, Mariana, e pare de julgar." E a melhor maneira de fazer isso era prestando atenção em outra coisa.

Vi então alguma coisa do Renato Aragão, o famoso Didi. Havia deixado ali a mochila com a imagem que carregara na caminhada que fez para agradecer o recorde na arrecadação do Criança Esperança. Ali perto, vejo um capacete do Ayrton Senna e umas luvas suas.

Eu sempre soube que Senna teve uma relação interior estreita com Nossa Senhora. E também outros famosos que conheci em minha vida de jornalista. Peguei o celular e digitei um lembrete: "fé dos famosos" — assim mesmo, jogado. Precisaria dar um jeito de voltar a esse tema. No espaço de tempo que transcorrera desde que eu havia entrado na Sala das Promessas, percebi que muita gente que eu encontrara na minha vida de jornalista tinha algo a dizer sobre a Virgem. Algo que julgavam ser extraordinário.

Eu, por minha vez, nada tinha agradecido abertamente. Jamais tinha feito algo... público.

Sentia, porém, a presença, a força, o amor, a proteção.

E tudo isso que eu sentia me bastava ali. De alguma forma, era o que me unia a todos os fiéis que deixavam uma parte de si aos pés de Maria.

∽

As peças dos famosos, por razões de segurança, ficam separadas por um vidro, mas estão juntas de milhares e milhares de objetos, fotos, certificados, troféus, medalhas, conquistas. É interessante que, mesmo que ocupem lugar de destaque na vitrine da Sala das Promessas, a fama não faz ali a menor diferença. O milagre não será maior de acordo com o destaque do devoto. Maria vê a fé.

Aproveito para seguir até a Capela das Velas. A cera derretida, unindo-se ao plástico da embalagem das velas e a seus rótulos, deixa às vezes um cheiro estranho no ar. Gosto do significado da vela. Da luz que ilumina e mostra o caminho. Do calor da chama que aquece o coração. Do ardor que equivale ao ardor das orações dos fiéis. Até a cera pode significar algo: que derreta junto com os problemas!

Ali, no meio daquela fumaça e daquele cheiro, encontrei Luís Carlos. Foi uma surpresa. Era o mesmo homem que tinha visto ajoelhado na Basílica, com uma vela enorme na mão. Hora de botar o lado repórter em prática. Puxo o papo.

Luís Carlos visita Aparecida duas vezes ao ano. Religiosamente, desde que sofrera um infarto em 2013 e foi parar na UTI. Aquele morador de Atibaia teve que ser transferido para

A cera derretida, unindo-se ao plástico da embalagem das velas e a seus rótulos, deixa às vezes um cheiro estranho no ar.

um hospital em Bragança para uma cirurgia no coração. A ponte de safena era inevitável. Dentro da ambulância, a caminho da operação, Luís Carlos rezou e pediu com muita fé. Não queria ser operado. Pareceu, então, ouvir alguma coisa sobrenatural: "Levanta-te e vai trabalhar."

Fiquei desconcertada.

— Oi!? Trabalhar!?

— Pois é. Na Bíblia está escrito "Levanta-te e anda!", mas eu ouvi que era para eu andar e ir trabalhar.

Luís chegou ao hospital onde faria a cirurgia dizendo que voltaria a pé para casa. Ninguém entendeu nada, mas, para a surpresa dos médicos e dos amigos que apareciam para visitar o convalescente, aquele homem não precisou mais da cirurgia. No dia seguinte, já estava de volta ao trabalho.

Os médicos, é claro, disseram que aquilo era impossível. Não dava para culpá-los. Mas os anos haviam se passado e Luís estava ali, bem, me contando essa história com um sorriso no rosto.

Um sorriso que vem da certeza de que nada é impossível para Deus.

Para a mãe de Jesus, que nas bodas de Caná convencera o Filho a converter a água em vinho e restabelecer a alegria dos noivos.

Para quem tem fé.

Um passeio a Aparecida é sempre uma surpresa. Sempre. Uma surpresa maior ou menor, mas sempre surpreendente, uma descoberta. E ela vem dos modos mais inesperados e corriqueiros.

Quando coloquei a mão na carteira, vi que estava sem dinheiro. A oferta que havia dado por inspiração de dona Aparecida era tudo o que eu tinha comigo. Decidi ir então até um caixa eletrônico no centro da cidade. Caminhei pela passarela, fui ao centro, desci a rua principal. Queria dinheiro para emergências, combustível, um lanche, um sorvete na lanchonete dos romeiros... Na verdade, queria mesmo era me sentir segura por ter alguma coisa na carteira.

("Ora, Mariana, moeda não traz segurança, e você já devia saber disso...")

Fui olhando a rua. Ladeira íngreme. "A volta vai ser difícil", pensei. À minha direita, algo inusitado: "Monga, a mulher gorila." Era um espetáculo, um show. "Que engraçado. Não combina nada com a cidade." Obviamente. Não deve combinar com cidade *nenhuma*, e por isso mesmo fiquei com vontade de assistir. Mas continuei. Logo adiante, uma igreja simples, de São Benedito, na pracinha perto dos bancos.

Vejo de repente um rosto. Preciso olhar duas vezes para reconhecê-lo. É Maurício Folha Seca, cantor sertanejo, desses que são cada vez mais raros. Uma pessoa única.

A Mãe me dava mais um presente.

Fora a convite de Maurício que eu tinha participado da minha primeira Queima do Alho em Bragança Paulista, na região de Atibaia. Festa com comida feita no fogão à lenha, muita música e uma imagem de Nossa Senhora transformando o palco em altar.

A cidade foi crescendo e engoliu o sítio onde ele passara a vida e criara os filhos. A área rural virou um bairro de casas bonitas e o antigo sítio se transformou. A antiga tulha foi transformada em restaurante de comida caseira, e ali havia também, agora, uma escola de equitação para crianças deficientes. Os cavalos que antigamente puxavam carroça hoje carregam meninos e meninas que possuem alguma dificuldade. Um lindo trabalho.

Eu o havia conhecido no estúdio do programa do Dalcides. Tinha participado algumas vezes, e sempre comentávamos, eu e Dal, sobre a pureza de seu coração. Era um caipira que toca viola e canta com calma. Naquela ocasião, de olhos fechados, havia cantado uma linda canção para Nossa Senhora. E agora, também por causa dela, nos reencontrávamos.

A música me vem imediatamente à cabeça: "Minha casa de caboclo, e os meus ares de Nossa Senhora..." E continuava: "E o manto, mãe, que aquece a gente, e os peixes que tu trouxeste, e a vela que não se apaga, não, com a fé do povo..."

Contei para ele que estava escrevendo um livro e que, por causa da pesquisa, tinha por fim entendido a letra da canção. Ele me olhou com surpresa. Não imaginava que poderia haver alguém que não conhecesse a história da vela que não se apagava. Bem, eu não lhe tirava a razão.

Pergunto então sobre o passeio. Folha Seca me diz que estava ali para pedir pela saúde de uma amiga, que sofria de problemas cardíacos e andava muito mal, na UTI. Imediatamente, me sinto uma insensível. Tenho a impressão de ser como um daqueles repórteres que, no meio de um velório, apontam o microfone para a viúva e mandam um "Como a senhora está se sentindo?".

Eu sou turista, estou passeando. Ia à cidade de Aparecida pelo livro, por trabalho, por uma curiosidade. Pela minha vida interior mesmo, mas ainda despreocupada... Mas a multidão que frequenta a Basílica, as pessoas que vêm de longe — estas possuem causas verdadeiramente urgentes, verdadeiramente importantes.

Maurício me conta que, quando era ainda pequeno, teve uma vizinha muito doente, com câncer no fígado.

— Era uma mulher idosa, já com mais de setenta anos. Estava verde.

Ao receber o diagnóstico, que lhe dava poucos meses de vida, aquela senhora simplesmente rezou.

É difícil, para mim, imaginar como a primeira reação de alguém diante dessa notícia possa ser a oração. Talvez eu seja mesmo fraca. A oração vem, é claro, mas não deveria vir depois do medo de morrer, do pânico de saber que seus dias estão contados? Mas a senhora simplesmente rezara. E talvez tenha sido por conta dessa fé que o tumor desapareceu. A fé de alguém que, diante da morte, nada quer senão rezar... Os médicos não souberam explicar o resultado. É claro que não. Tratava-se de um milagre. Quando a tal vizinha morreu, anos depois, foi dormindo, sem nenhuma causa relacionada ao câncer.

Maurício tinha a esperança de fazer o mesmo pela amiga, mulher de um grande amigo seu. Algo no seu rosto, porém, mostrava que ele mesmo não acreditava que teria sucesso. Estava ali para pedir, mas imaginava que, daquela vez, a resposta seria "não".

Eu e Folha Seca nos despedimos. Desejei-lhe boa viagem. E, de quebra, ganhei um CD para voltar para casa ouvindo o som da viola.

Com o disco em mãos, tomei o caminho de volta para a Basílica, mas de forma muito desatenta. Folha Seca me lembrava tantos outros cantores que conhecera ao longo da carreira de jornalista, e eu fui pensando nisso. Eram cantores mais ou menos "sertanejos". Alguns mais ou menos "sofridos". Mas quase todos com uma mesma devoção, sentindo-se filhos da Virgem de Aparecida.

Interrompo a caminhada e pego celular para anotar que deveria retornar ao assunto em algum momento. Havia esquecido que já anotara a mesma coisa minutos antes.

E havia esquecido mais.

Na tela do telefone, havia meia dúzia de ligações perdidas do Dal.

Putz.

Ele e Ivana deveriam estar doidos atrás de mim.

Retornei a ligação e, malandramente, adotei aquele tom de voz corriqueiro, de quem está comprando pão na padaria.

— Ah, vim tirar dinheiro e já estou chegando! Aguentem aí!

É claro: nem dinheiro eu tinha tirado. Bem, Dal deveria ter alguma coisa na carteira. O encontro com Maurício valera mais do que qualquer quantia.

— Oi, pessoal, ganhei um CD para a gente ouvir na volta.

Fui logo falando primeiro, para evitar censura. E de fato

nós retornamos com a viola de Maurício nas caixas de som. Só que, dessa vez, Dal não pôde ficar atrás de caminhão nenhum. Eu estava mais do que acordada.

UMA PAUSA
A jornalista à luz de Maria

Ao tirar rapidamente o celular da bolsa, em minha última visita a Aparecida, para acrescentar o lembrete da "fé dos famosos", eu não imaginava o que uma mera nota poderia desencadear.

O lembrete foi a primeira coisa que vi quando me sentei para pôr em ordem, no silêncio da noite, as anotações que havia feito naquele dia. Queria estruturar um texto sobre a última viagem o quanto antes, para mandar logo para o editor e não atrasar o projeto, mas... Bem. O lembrete me pegou de jeito, e sem cerimônia. Como se num ímpeto, sem muito esforço, comecei a pensar em tudo o que uma longa carreira de jornalista me havia proporcionado. Nas pessoas que havia conhecido. Mas, dessa vez, sob o influxo da Virgem, também com o olhar da fé. Tinha Maria ao meu lado. No meu pensamento. Nas breves jaculatórias que ela me ia inspirando.

O texto estruturado ficaria para depois. Que editor não tem de lidar com um pouquinho de atraso?

Não é mistério para ninguém que um trabalho como o meu faz com que eu conheça muitas pessoas interessantes. *Muitas*. Pessoas fascinantes, pessoas excêntricas. Mas também muita gente... de fé. E é mesmo extraordinário, não é?, ver gente famosa e bem-sucedida falando de fé. De superação. Em geral, nos sentimos inclinados a achar que os artistas são vaidosos, que são gente que não deseja dividir os louros e a glória do sucesso com ninguém. Mas não é isso o que acontece. Não *mesmo*.

Eu sei disso desde sempre. Desde que era apenas uma menina segurando um microfone, sem experiência nenhuma. Tanta gente generosa. Tanta gente importante e generosa. Tanta gente importante, generosa e *com fé*. Com alguma ligação com a fé. Às vezes, de maneira surpreendente.

Paco Rabanne, por exemplo. Ele veio ao Brasil no início dos anos 1990. Por causa de um desses alinhamentos curiosos da vida, eu tinha recebido um excelente perfume da sua marca e ele me concederia uma entrevista. Puxando a brasa para a minha sardinha, fui logo perguntando qual teria sido a inspiração para a fragrância. Eu de fato apreciava o cheiro.

— Foi o aroma que eu senti quando vi a Virgem Maria.

Ele me disse isso em francês, língua que eu mal dominava, mas foi o suficiente para me deixar intrigada. Eu quis saber mais, é claro, mas saí misturando inglês com espanhol e ele apenas sorriu. Nada mais disse além da mesma história que já havia contado antes. E saiu dali me elogiando para outros repórteres que cobriam o evento — para o meu constrangimento e rubor.

Não era a primeira vez que alguém me tratava de maneira especial. (Certa vez, Telê Santana, que tanto amedrontava os repórteres pela rigidez com que tratava as regras dentro do campo, deu uma lição em alguns colegas engraçadinhos que me convenceram a pisar na grama para entrevistá-lo. Telê não permitia a entrada de equipes de jornalistas quando estava sozinho no gramado. O treinador percebeu a maldade, me concedeu a entrevista dentro das quatro linhas e, na saída, ao ser abordado pelos repórteres, respondeu-lhes: "Ué, mas eu já dei entrevista, não viram?") No entanto, ninguém jamais tinha me falado antes, no meio de uma entrevista de negócios, sobre uma ligação com o espiritual. Quanto mais sobre uma suposta visão!

No meu primeiro ano na Rede Globo, já havia conseguido demonstrar que possuía alguma desenvoltura ao vivo. Não tinha mesmo muita vergonha ou medo de estar no ar em transmissão direta. Acho que foi por isso que logo fui escalada para grandes eventos: shows no *Jornal da Globo* com Lillian Witte Fibe, entradas ao vivo no *Jornal Nacional* para falar sobre chuvas e alagamentos, com Cid Moreira chamando meu nome... E assim eu, uma menina de vinte e poucos anos, de calça jeans, tênis e camiseta, acabei por ser escalada para o Carnaval e para as transmissões de Fórmula 1.

Era o departamento de esporte o responsável por gerenciar a transmissão das corridas. Eu era da geral, do jornalismo, e por isso não os conhecia. As redações ficavam em andares diferentes. E eles também davam muita importância para o futebol, o que eu não fazia *mesmo*.

Pois bem: no meu primeiro Grande Prêmio do Brasil, fiquei no heliponto de Interlagos e fiz uma reportagem explicando as diferenças entre heliporto e heliponto (em tempo, a presença da torre de controle é o diferencial do segundo). Então, eis que chega de helicóptero, para a corrida daquele dia, ninguém menos que Ayrton Senna.

Foi uma correria.

Gritaria nos fones.

Algo iria acontecer, e não parecia nada bom.

Tínhamos entrado ao vivo e o intervalo comercial acabara havia um segundo. O diretor do departamento esportivo ficou maluco, berrando no fone de ouvido que eu não poderia largar o piloto. "Segura o Ayrton! Não perde ele!" Bem, como eu poderia perdê-lo? O homem estava na minha frente! Só que eu teria de fazê-lo esperar, parado ao meu lado, até o próximo intervalo.

Fui até Ayrton, me apresentei e pedi que me concedesse uma entrevista. Acontece que precisaríamos esperar um intervalo comercial que só aconteceria dali a alguns minutos. Era uma ousadia da minha parte, é claro. Era o Ayrton Senna ali, afinal! Eu estava mandando o maior ídolo do esporte nacional esperar alguns minutos! Ayrton me olhou de um jeito meio estranho, mas parou. E botou as mãos na cintura. E ficou me olhando.

— Ok.

(Tenho essa imagem até hoje. Esse olhar.)

Eu aproveitei aquele breve momento para lhe confessar que não sabia nada de Fórmula 1, que não era do departamento de esportes, que quem assistia às corridas nutria por ele, Ayrton, uma expectativa que eu não teria como atender. Eu nem sabia o que perguntar! E então, na cara de pau, pedi que ele me desse uma declaração que fosse importante, que ele sabia que agradaria ao público.

Nesse mesmo instante, o diretor me avisa pelo fone que abriria um espaço para Senna ao vivo, interrompendo o programa da Xuxa e entrando com um comercial que não estava programado. Eu nunca tinha visto nada daquilo.

Fomos então para o ar. Recebo o sinal de que posso dar início. E tudo o que eu pergunto é: "Qual é sua expectativa para essa corrida?" Algo muito genérico. Genérico demais para saber se a resposta seria boa ou ruim.

Generosamente, Senna me dá informações sobre a estratégia da corrida para aquele dia, fala sobre a escolha dos pneus, da previsão do tempo, do combustível, das paradas programadas nos boxes, do novo câmbio (que eu, obviamente, nem sabia que tinha mudado), do companheiro de equipe. Tudo o que consigo fazer depois é agradecer. E ver Senna retornar para os boxes.

Quando aquela confusão terminou e eu encerrei a transmissão, ouvi mais gritos no fone de ouvido. Dessa vez, o diretor delirava de satisfação. Estava muito feliz com o resultado. Aparentemente, eu tinha dado uma bola dentro, embora não soubesse exatamente qual fosse. Eu lhe pergunto e ele me explica que é muito difícil conseguir uma entrevista tão completa minutos antes de uma grande corrida, que os pilotos, principalmente um campeão mundial, não param para falar com repórteres quando estão muito concentrados e não gostam de interrupções. "Senna deve gostar de você", concluiu ele.

Eu sabia que não era exatamente de mim. Talvez por conta da minha ingenuidade, da minha inocência... Mas não *de mim*. Senna tinha um coração diferenciado. Nuno Cobra, que foi instrutor do piloto e que eu havia conhecido alguns anos antes, ainda quando trabalhava na TV Manchete, me havia confirmado a mesma coisa — e seu olhar era de alguém que convivia com o Ayrton. Concentração, força de vontade, resistência... Tudo isso, dizia Nuno, era muito maior em Ayrton do que nas outras pessoas. E, no meio disso, comentou algo de que até hoje me lembro: certa vez, numa corrida, Senna teria sentido a presença de Deus e visto Nossa Senhora.

Bem. Eu não sei se foi verdade. Mas uma ligação tão próxima da Virgem, envolvendo visões ou não, não poderia explicar de onde ele tirava as forças e as virtudes que o faziam se destacar tanto? No esporte, é claro, mas também na vida. A experiência de fé muda as pessoas. Elas ficam mais generosas, como Ayrton. Ficam mais sensíveis, mais propensas a se colocar no lugar do outro, como o mesmo Ayrton diante de uma repórter tão ignorante.

Quando Senna morreu, foi Nuno Cobra quem abracei. No estacionamento da TV Manchete, na Casa Verde. Ele saía de um programa e eu fui até lá só para isso. Eu sabia o que aquela perda significava. Para ele e para o Brasil. E, como tantos naquele dia de maio, ficamos apenas em silêncio, abraçados, chorando. Espero que Ayrton tenha encontrado a Mãe, com seu manto azul. A Mãe dos brasileiros que ele tanto alegrou. Que, segundo Nuno, ele viu.

Nesse momento eu parei. Estava na mesa da cozinha. Uma mesa branca, de madeira, com cadeiras de madeira. Ergui o olhar, vi a árvore que tinha plantado e que eu ainda esperava dar flores... Vi, mas não prestei atenção. Estava ainda pensando na história do Senna, e em vez de levantar para passar um café, como sempre fazia, peguei o celular e fui procurar alguma coisa no YouTube sobre Ayrton e a Virgem.

Achei Senna com Roberto Carlos, falando de Deus. Era tocante. Assisti até o fim. Mas nada havia de específico sobre Nossa Senhora. "Devia ser algo tão íntimo...", pensei.

A discrição de Senna, ao menos nessa esfera "sobrenatural", era algo com o qual eu me identificava. Mas eu também vi muita gente cuja fé... transbordava. Gente que iluminava o ambiente só por estar ali, de tão forte que era sua vida interior.

Fafá de Belém tem essa explosão. Quando eu a entrevistei para meu programa, já na RedeTV!, uma das perguntas do público foi sobre a emoção de cantar para o papa. Para vários papas, aliás. Ela respondeu sobre o Santo Padre, mas fez questão de frisar que canta para a Virgem, pensando no povo brasileiro. Mesmo ela não dizendo isso, penso comigo que, naqueles momentos de emoção, quando vai cantando e pensando nos seus conterrâneos, seu coração é um só com o de Nossa Senhora Aparecida. Que ela sente o mesmo amor da Mãe, que tem o mesmo olhar.

Fafá é mãe de uma Mariana, minha xará, uma mulher muito talentosa, que conheci antes de entrevistar a cantora. Mariana possui duas filhas lindas e escreve sobre maternidade. Acho curioso, positivamente curioso, e gosto de pensar que a proximidade de Fafá com a Virgem Maria transbordou de tal maneira que o gosto pela maternidade, elemento tão identificado com Nossa Senhora, tomou conta também da filha.

Quando Mariana nasceu eu tinha uns sete, oito anos. Eu me lembro muito bem da notícia. Lembro-me de, à época, pensar que Fafá escolhera o nome dela em minha homenagem. Sim: eu, o centro do universo, numa chácara em Amparo, inspirando uma cantora nacionalmente famosa na escolha do nome de sua filha.

Conto isso para a Fafá. Rimos juntas e começamos a falar das coisas da vida. Em determinado momento, ela, cujos lábios parecem não conseguir deixar Nossa Senhora de lado, me convida para a Festa do Círio, em Belém. A celebração já estava próxima, e eu, mais do que ninguém, queria fazer parte daquele momento de fé. Mas não dava. Havia o programa às sextas-feiras, à noite... Era impossível. Por dias, fiquei pensando no que havia perdido. Com tristeza, me restou apenas acompanhar, nas redes sociais da Mariana, as fotos de sua filha Laura vestida de anjinho, com asas brancas e mãos em oração...

Eu jamais tive isso. Não me lembro de ter participado de uma procissão quando pequena. Ficava na casa da minha avó e via da janela os cortejos de Corpus Christi passarem pela rua Treze de Maio... Nunca vesti asas de anjinho. Nunca, até me pôr a conhecer de perto a Virgem Aparecida, fui de ter muito... contato. Nunca fui assim. Sou expansiva, falo bastante, mas fico sempre um pouco afastada. Dou abraços "distantes".

Quem me corrigiu foi Ana Maria Braga, com um "Abraça direito, menina!". É fácil imaginá-la falando uma frase assim, no meio dos corredores da Globo de São Paulo. É a cara dela. Tínhamos nos encontrado depois de uma gravação, e esse "Abraça direito" foi como um puxão de orelha. Não foi essa a intenção da Ana, é claro, mas me fez notar que talvez me faltasse alguma entrega, aproximar-me totalmente e sem reservas dos outros. "Se é para abraçar, vai com tudo!"

Ana sempre foi com tudo. Ela se entrega totalmente — sobretudo à fé e à devoção. Ela se entrega a elas com a mesma vontade com que dá um abraço apertado.

Quando seu programa era feito no estúdio paulista, eu ainda apresentava o *Bom Dia SP*. Era bom: eu saía do estúdio do jornal e caminhava direto até a cozinha do *Mais Você*. Gulosa, ia experimentar as receitas do dia. Gulosa mesmo — cheguei a roubar uma coxinha cenográfica, feita de massa de modelar, e a mordi.

A equipe da Ana é como uma família. Não há quem não perceba isso. Cinegrafistas, produtores, repórteres, o Louro José, os maquiadores... São todos muito, muito unidos, trabalhando sempre com o mesmo foco. São pessoas muito diferentes, mas que nutrem por ela o mesmo respeito e carinho.

Não surpreende, portanto, que todos estivessem por perto quando Ana ficou doente. Muitos rasparam a cabeça para lhe fazer companhia, para demonstrar solidariedade. E, quando ela voltou ao trabalho, todos também vestiram aquela camisa com os dizeres do "Clube da Guerreira". Ana ficou curada. E Ana agradece.

Eu sempre soube que, por trás dessa vitória, havia a presença de Maria. Ana nunca escondeu sua devoção por Nossa Senhora. Sua devoção à Virgem de Fátima é mais do que conhecida. Também não é mistério que Ana agradece incessantemente as graças que Maria, por sua intercessão, lhe conquistou. Muito da força de Ana vem da força da Mãe.

Pude perguntar a ela como se sentia quando pensava na Virgem, em especial a de Aparecida... E Ana me disse precisamente aquilo que todos sentimos: "É ela que está mais pertinho de nós." E, aqui perto, "sabe como trazer conforto e amparo".

Ana sente esse conforto e esse amparo.

Nós sentimos.

Eu sinto.

Para uma mãe, não há diferença entre os filhos. Quanto mais para *a* Mãe!

Não é à toa que tantos artistas compuseram músicas para Nossa Senhora. Do meu amigo Folha Seca já falei. O padre Zezinho, naturalmente, tão conhecido entre os católicos... E Roberto Carlos, é claro. Roberto Carlos. Minhas duas canções favoritas dele foram dedicadas a mães: "Lady Laura" e... "Nossa Senhora".

Certa vez, quando ainda morava no Rio, fui passear com uma amiga pelo bairro da Urca. Caminhar pela Urca é entender por que Roberto Carlos pouco sai de sua vizinhança. É adorável. Vimos ali uma igrejinha — era mais uma capela, para falar a verdade — e entramos. Soube, depois, que fora construída pelo cantor. E que o prédio dele ficava ali ao lado.

As coisas do céu trazem sempre inspiração. Roberto Carlos é só mais um exemplo. O amor de mãe que ele conhecia tão bem... Ele deveria se sentir muito amado pela Virgem. Muito grato a ela. A fama, o dinheiro... Tudo isso poderia tê-lo afastado do quanto fosse espiritual, mas não. Havia um manto o cobrindo. Um manto azul.

Nessa hora eu me levanto. Decido enfim fazer o meu café. Pego o coador, o pó. Como se me fosse natural, vou cantarolando: *Sou caipira, Pirapora, Nossa Senhora de Aparecida...* E à minha cabeça vem alguns rostos sofridos de romeiros, os olhares dos fiéis para a imagem da Virgem em Aparecida. Vejo os rostos que tinha contemplado na Basílica. Dona Aparecida, Luís Carlos... Os mesmos rostos e mesmos olhares que tinham inspirado a música... Que tinham inspirado Daniel.

Sim, o cantor.

É dele que me lembro enquanto o café desce coador abaixo. É verdade: ele tinha mesmo alguma coisa com a Virgem. Mais especificamente, com a Virgem de Aparecida. Lembro-me de ter lido ou ouvido em algum lugar que havia sempre com ele uma imagem da Nossa Senhora negra.

Quis ir atrás. Telefonei. Nada. De novo. Nada. E então escrevi. E foi a melhor coisa que eu poderia ter feito. O que recebi foi uma resposta tão pensada e tão coesa, mas também tão espontânea, que só pode ter vindo de um coração apaixonado pela Virgem brasileira. Quando a fé é grande, abrir o coração é algo maior do que a gente. Era isso o que eu começava a perceber. Ou melhor: era uma suspeita que cada vez mais eu confirmava. E não importava, mais uma vez, se tratava-se de gente humilde ou não.

Maria, mãe de todos, todos, todos.

Começa assim:

Essa minha devoção e carinho por Nossa Senhora Aparecida foi algo que surgiu muito naturalmente na minha vida. Minha família sempre teve imagens em casa. Minha mãe, por se chamar Maria Aparecida, sempre foi devota, mas a minha ligação com ela não foi imposta ou incentivada, mas crescendo naturalmente ao longo dos anos.

Nossa Senhora Aparecida sempre fez parte das minhas orações, como se conversássemos diariamente e ela estivesse comigo onde quer que eu fosse. Visito o Santuário em Aparecida desde muito jovem. Eu e o saudoso João Paulo levávamos até lá todos os lançamentos de discos. Tínhamos muita fé na bênção dela sobre nosso trabalho! Meus laços com ela só foram se estreitando a cada dia. Sinto a presença dela em todos os momentos da minha vida, e já tive várias provas dessa presença.

"Provas dessa presença." Isso me interessava, não sei por quê. Assim, fui lendo com atenção ainda maior o que se seguia.

Uma delas foi quando sofri um acidente de carro, em 2006. Na ocasião, a imagem dela estava em vários lugares do automóvel. Meu joelho amassou, com o impacto da batida, uma imagem impressa que estava no bolso do banco, algo que eu tinha ganhado de um fã e guardado ali havia muito tempo. A marca do meu joelho bem no meio da folha era nítida. Nos meus pés, no interior do carro, foi encontrado um chaveiro com a imagem dela. Dias depois do acidente, um bombeiro que encontrou essa imagem veio me devolver. Cada um tem sua crença e sua forma de encarar as situações; eu tenho a minha fé e sei que ela estava ali presente, para que algo mais grave não acontecesse naquele acidente...

Em seguida, Daniel mencionava também algumas cirurgias no ombro, durante as quais esteve certo da presença de

Nossa Senhora. E se dizia animado e preparado para as comemorações dos trezentos anos do encontro da imagem. "Tudo que envolve exaltar o nome de Nossa Senhora Aparecida tem o meu apoio e a minha demonstração de fé", dizia, complementando que dedicaria o mês de outubro a shows e celebrações no Santuário. Mas, na minha cabeça, ressoava ainda a história do acidente de carro. E por uma razão muito clara: também eu havia sofrido algo parecido.

Certa vez, dirigindo pela avenida dos Bandeirantes, fui pegar dinheiro dentro da bolsa para o pedágio e meu carro saiu da pista. Capotei várias vezes, atravessei a rodovia extremamente movimentada e parei no gradil de proteção, virada para a contramão.

Enquanto o carro dava a primeira volta no ar (tudo acontece em câmera lenta!) e embicava no asfalto, enquanto o vidro do para-brisa ia rachando pedacinho por pedacinho até formar uma enorme teia, tudo o que pensei foi: "Que bom que meu filho não está no carro comigo e minha mãe ainda é jovem o bastante para cuidar dele até os vinte anos." Depois de mais uma volta, pedi: "Meu Deus, não permita que eu machuque ninguém com esse acidente. Não quero matar uma família inteira em outro carro." Então, silêncio absoluto. Imagens em câmera lenta. Terceira volta. "Bom, se der para eu não morrer agora, também seria bom."

Fechei os olhos, voltei a ouvir o barulho do acidente e senti o carro virar mais umas duas vezes até a batida final. Quando vi, estava a dez centímetros de cair de um viaduto.

Quando lhe acontece alguma coisa assim e você sobrevive, você sabe que se tratou de um milagre. Não há argumentos lógicos que possam convencê-lo do contrário.

À época, eu não poderia ter feito um raciocínio assim, mas agora, lendo o depoimento do Daniel... Se Maria é de fato medianeira de todas as graças, como se costuma dizer, que olhar não teria dirigido a mim naqueles instantes terríveis?

E assim seria em tantas outras situações... Quando, em Ubatuba, apaguei por completo debaixo d´água, enquanto mergulhava. Quando, por acidente, meu apartamento pegou fogo, só dando tempo de tirar Heitor do berço e salvar a cachorrinha que eu havia acabado de ganhar. Os bombeiros disseram ter se tratado de milagre, e na época eu achava que isso era só força de expressão. Que ingênua.

À medida que o tempo passa, sobretudo quando olho para trás, cresce em mim essa dimensão do quão milagrosa é a vida, do quanto nosso coração foi feito para Deus. E, é claro, de como Ele está verdadeiramente vivo, como age em nossas vidas, como nos atrai para Si... E uma das formas como faz isso é por esse carinho maternal de Maria. É a forma mais doce pela qual Deus nos chama. Pela doçura da Mãe.

É por isso que me intrigam tanto os meus amigos ateus. Mentor Neto, por exemplo, que está todo dia ao meu lado no programa de rádio. Neto não acredita em nada. Nada — quanto mais vida após a morte. Para ele, acabou, acabou. Somos como uma pilha. Quando a bateria acaba, é o fim. Neto, obviamente, é um homem de uma inteligência ímpar, mas também muito humilde. Quando não sabe uma resposta, diz apenas "Não sei", e não tenta explicar nada que vá além da compreensão. "Religião é uma invenção do homem e tem poucos milhares de anos", costuma dizer (e eu, da minha parte, sempre penso que meu pai amaria conhecê-lo).

O mesmo com Oscar Schmidt, o grande Oscar do basquete. Oscar é um gigante. Não só em tamanho, mas como esportista, como pessoa. É uma manteiga derretida! Apaixonado pela família, extremamente dedicado... Mas não acredita em que possamos um dia, como diz São Paulo, ver Deus face a face depois de mortos. Certa vez, durante uma entrevista ao vivo, fiz com ele uma aposta. Um desafio. Quando eu morresse, ficaria esperando por ele só para dizer: "Viu só? Eu avisei!"

Porque, no fundo, me enche de tristeza a ideia de não acreditar mais em nada. É como se o ser humano não estivesse caminhando para ser plenamente humano. Como se faltasse alguma coisa, alguma coisa que é nossa. Como um braço, uma perna, não sei.

Ali, na minha mesa de madeira, olhando para uma vida inteira, eu percebia o quanto Nossa Senhora nos revela tudo isso. E essa proximidade com ela... Como não querer também que os outros a desfrutem? Eu queria que Neto tivesse um pedacinho da minha fé ao perambular por esse mundo hostil, sem proteção. Ele tinha as orações de dona Nilza, sua mãe. Tinha agora também as minhas. Neto, que nascera num dia 12 de outubro!

Devia ser uma espécie de sinal. No dia seguinte, pedi sua carteira e, no compartimento para "notas escondidas", coloquei uma medalhinha minúscula de Aparecida que surgira do nada dentro da minha bolsa. Era dele. Nascido no dia da Padroeira e ateu — veja só! Um dia, também para ele vou mandar um "Viu só? Eu avisei!".

Uma imagem que se quebra como nós

Já era junho. O frio dava as caras. Ainda estava no início de um empreendimento novo, algo que nunca tinha feito: um programa de rádio matinal, diário, numa grande emissora. Estava nervosa. E com a agenda cada vez mais apertada. Na maioria dos dias, restava-me a tarde livre — e só.

No meio dessa confusão, tive uma pequena surpresa. Marga tinha passado lá em casa enquanto eu estava fora. Queria apenas me dar alguns livros, mas não me encontrara e os deixara por ali mesmo. Dois livros, para ser mais exata: um sobre a restauração da imagem de Nossa Senhora Aparecida, escrito pelas mãos da própria restauradora, e outro sobre a iconografia de Aparecida, do padre Valdivino Guimarães. Com eles, veio também uma daquelas demonstrações de carinho que transformam o dia: Marga havia deixado comigo sua famosa pasta com os recortes sobre Nossa Senhora Aparecida. Uma pasta que ela guardava com um zelo invejável.

Aquela não era apenas uma surpresa, mas também um lembrete. Eu me sentia como se estivesse naquele episódio em que as irmãs Maria e Marta recebem Jesus em sua casa. Maria está aos pés de Cristo, prestando atenção nele, ouvindo tudo o que tem a dizer. Marta está ocupada com os afazeres da casa, cheia de serviço nas costas. Por causa disso, pede que Cristo mande sua irmã ajudá-la. E Jesus lhe responde: "Marta, Marta, andas muito inquieta e te preocupas com muitas coisas; no entanto, uma só coisa é necessária. Maria escolheu a boa parte, que lhe não será tirada."

É verdadeiro. Tantas vezes isso é certo! Meu Deus. Talvez eu estivesse mesmo preocupada com mil e uma coisas — todas elas importantes, naturalmente, mas sem possuir aquilo que era... essencial. Aquela pequena demonstração de atenção de Marga, tão simples à primeira vista, me fez perceber que andava deixando de lado algumas coisas que eu sabia serem cruciais. Era preciso mudar. Tinha de dar uma chacoalhada.

E então, é claro, me veio o lado Mariana-impulsiva.

— Ô, Bia, quer ir a Aparecida?

Eu não pensara duas vezes. Bia não entendeu nada, óbvio. Quem é que simplesmente decide ir para Aparecida assim, de repente, no meio da manhã de um dia útil? Mas esse é o lado bom de ter um temperamento como o meu. Havia muitos lados ruins, mas esse servia para levar algumas coisas a cabo. E Bia seria uma companheira e tanto: ela tem a alma do devoto de Nossa Senhora Aparecida. Mais do que ninguém, ia se emocionar ali, agradecer, pedir. E ainda daríamos umas boas gargalhadas.

Mas não foi daquela vez:

— Não dá, não, dona Mariana. Tenho de voltar para casa assim que terminar aqui. A menina está querendo aprontar e preciso ficar de olho!

A menina era a filha, que estava chegando à adolescência. Ai de mim ficar insistindo! Sabe-se lá o que esse "aprontar" queria dizer... Intuição de mãe é intuição de mãe. Eu também tinha as minhas. Deus me livre.

※

Seria eu e eu mesma, então. Eu, eu mesma e o céu cor de chumbo que cobria a estrada. Todas as minhas preocupações e todas as minhas novidades recentes deram lugar, de repente, a uma obstinação tremenda. Eu ia a Aparecida, mas não sabia bem o que iria fazer lá. Mas precisava ir. Ainda faltava algo. Eu vira o rio, contemplara a Basílica. Pensara *in loco* nos pescadores. Observara e falara com as pessoas mais diversas.

Tinha visto muito, fotografado muito, escrito muito.

Só que tudo isto só tinha valor em função... dela. Em função da Mãe.

Bingo.

Meu entusiasmo repentino passou a ter um objetivo. Eu iria até lá para ficar com ela e só com ela. Contemplá-la, entendê-la. Eu e a Virgem, ainda que no meio de tantos peregrinos. Era um objetivo excelente. Algo que faltava. Algo sem o qual um projeto como o meu não poderia existir.

No passado, eu já tivera uma oportunidade única com a imagem. Em 2013, pouco antes da visita do papa Francisco ao Brasil por ocasião da Jornada Mundial da Juventude, tive de fazer para a GloboNews uma reportagem na Basílica. O cenário seria a Capela dos Apóstolos, um lugar que poucos conhecem. Trata-se de uma capela meio escondida, que fica atrás do nicho em que a Virgem se encontra exposta. À noite e em ocasiões especiais, a imagem de Maria é girada e fica "para dentro", isto é, ela deixa de ficar virada para o espaço da Basílica que costumamos visitar e se volta para o interior dessa pequena capela. É uma medida de segurança.

No dia em que devia gravar a matéria, no momento em que fazia a passagem de som, eu ouvi uns barulhos que destoavam do ambiente. Eram os responsáveis abrindo o nicho e virando, para dentro da Capela dos Apóstolos, a imagem de Maria. Sem querer e sem premeditar, eu estava vendo algo que a grande maioria das pessoas não conseguia presenciar. Tanto naquela época quanto hoje.

Aquele lugar era muito mais aconchegante, de fato. Podia-se ver a Virgem de Aparecida mais de perto, não havia o ruído das pessoas... Mas eu tinha um trabalho a fazer, obviamente. Não me ocorrera prestar atenção à imagem, refletir sobre ela. E, para ser sincera, eu me lembro mais dos apóstolos pintados nas paredes, dos detalhes do chão — havia umas ondas em tom pastel, bem como, do outro lado, alguns triângulos em branco e preto —, do que da Virgem propriamente dita.

Agora, anos depois, me parece triste que não tivesse aproveitado ao máximo aquela chance única. É bem verdade que não tinha como saber que um dia iniciaria uma busca diferente pela Virgem negra, um outro tipo de... "trabalho". Mas ainda assim essa me parece, hoje, uma oportunidade desperdiçada. Eu teria de me virar de outra forma, sem uma visão tão próxima.

Essa forma seria, é claro, a forma como todos os romeiros e peregrinos a contemplam: estando na Basílica e me colocando diante da Mãe. De certa forma, ter de fazer isso me ajudaria a olhar para ela com os olhos das pessoas, sem nenhum "privilégio jornalístico". No final das contas, era exatamente do que eu precisava.

❧

Depois de algumas idas a Aparecida, sobretudo se feitas com certa frequência, a gente se sente muito à vontade ali. Tão logo estacionei o carro, me aproximei outra vez do porto. O ar estava mais frio do que nas outras ocasiões, e o vento incomodava mais pela temperatura do que por bagunçar o meu cabelo. Ou melhor, minha franja. Era só o que balançava. Quaisquer que fossem as diferenças, no entanto, estar ali continuava sendo uma forma de entrar na atmosfera de Aparecida. Foi um primeiro passo acertado, modéstia à parte.

Trezentos anos antes, fora naquelas águas que a imagem de Nossa Senhora Aparecida chegara à mão dos pescadores. Não se tratava de uma visão mística ou de outro fenômeno sobrenatural ou misterioso, mas do encontro de uma imagem — algo meio... "bobo". Isso eu já mencionei. Ainda assim, a Virgem de Aparecida tinha lá seus mistérios.

O primeiro é meio óbvio e, quando se está ali no porto, também inevitável: como uma imagem da Virgem teria ido parar naquele lugar, bem no meio do rio, exatamente no ponto onde a rede de três pescadores seria lançada? Era inusitado, no mínimo. Parecia que Deus se aproveitava de alguma circunstância corriqueira, simples, rotineira, para dar início a uma devo-

(...) pude notar que essa simplicidade, esse caráter corriqueiro, se traduzia também nas feições da Mãe.

ção imensa e sobrenatural. A fé não dependia necessariamente de coisas grandes, talvez? Isso dava o que pensar. Não existe aquela história de que "Deus está nos detalhes"?

Essa minha inquietação era a mesma já experimentada por muita gente. Qualquer guia em Aparecida, qualquer funcionário da Basílica, poderia saná-la. Ou mesmo nós, se lembrarmos de um daqueles costumes piedosos que são passados de geração a geração. Minha avó sempre dizia que era preciso queimar ou enterrar os objetos sagrados que estavam quebrados, rasgados, arrebentados. Ninguém deveria sair jogando no lixo algo que tem por sagrado, não é mesmo?

E dizem que foi isso mesmo o que teria acontecido. O porto ficava muito perto da estrada. Muita gente passava por ali, indo e voltando de Minas e do vale do Paraíba. É muito provável que alguém estivesse transportando a imagem da Imaculada Conceição e, ao ver que sua cabeça e seu corpo se haviam separado, a tenha lançado no rio. Simples assim. Como qualquer um, como eu e vocês, poderia ter feito. Como ainda fazemos.

Só que, de algo tão corriqueiro, Deus fez muito. *Muito.*

Quando, tendo deixado o porto e me colocado na frente da imagem da Virgem, estava já dentro da Basílica, pude notar que essa simplicidade, esse caráter corriqueiro, se traduzia também nas feições da Mãe. Por alguma razão, não tinha percebido isso antes. Acho que a gente deixa de prestar atenção nos detalhes quando fica acostumado com alguma coisa, e a imagem de Nossa Senhora Aparecida é algo com o qual todo brasileiro está mais do que familiarizado. Dessa vez, porém, eu pude notar que a mulher ali retratada era simples como tudo o que lhe dizia respeito.

"São olhos de quem tem problema na tireoide", penso, meio jocosamente.

Esse pensamento, o primeiro que me veio à cabeça quando vi de perto a imagem, dava também a dimensão da proximidade entre a Virgem de Aparecida e as pessoas. Aqueles olhos meio saltados, o pescoço um pouco inchado... Quantas pessoas não tinham traços assim? De fato, era uma mãe como as nossas...

... e feita por mãos humanas, é claro. Aquele rosto feminino, o corpo com o ventre avantajado, grávida, as flores sobre o seio... Quem seria aquela mulher? A Imaculada Conceição, sim, mas... Quem teria sido a moça que servira de modelo para o artista? Teria havido alguma modelo, aliás? Se houvesse... Seu nome seria Maria também? Quais eram os nomes comuns à época? Ou ainda: como deverá ter se sentido ao descobrir que se tornaria Nossa Senhora?

Que responsabilidade.

Mas era mera especulação. Especulação de jornalista. Talvez não houvesse modelo alguma, talvez a imagem fosse fruto de uma imaginação pura.... Talvez fosse só o artista e o barro a ser moldado.

O artista. Sim. Ele.

Ali, na frente do nicho da Virgem, penso ainda no que o artista pensaria caso soubesse que, das suas mãos, nasceria a devoção maior da nossa terra. Mas o artista, para mim, não tinha rosto. Que artista era, no final das contas? Eu não sei absolutamente *nada* dele. Ficou em segundo plano, obviamente. Ele "desapareceu" para que a Virgem crescesse. Uma humildade forçada pelos acontecimentos, mas que, certamente, seria do seu agrado. Ver a Mãe de Deus e nossa sendo louvada e amada por causa de algo que saiu de suas mãos! Essa é uma sensação que eu desconheço. Algo para poucos.

    Identificar o autor da imagem da Virgem Aparecida parece uma questão de justiça, mas a verdade é que demorou muito até que alguém se pusesse a estudar a imagem e tentar identificar seu escultor. Não há nela nenhum nome, nenhuma data. Por isso, só pessoas com muito conhecimento de arte, atentando para o estilo da escultura, é que poderiam palpitar. E o palpite mais seguro é de que se trata de obra de um frei chamado Agostinho de Jesus, que residiu em um antigo mosteiro beneditino em Santana de Parnaíba. É possível encontrar algumas obras desse religioso em São Paulo, no Museu de Arte Sacra e no Mosteiro de São Bento. De fato, mesmo para uma leiga como eu, os traços de cada uma de suas obras são bastante parecidos.

    No entanto, a verdade é que todas essas considerações, quando se está diante da imagem de Nossa Senhora Aparecida, são apenas passageiras. Quando se está ali, elas são submersas por uma torrente de sensações familiares, de afetos, de petições, de agradecimentos. Acho que não é possível explicar o que acontece, senão recorrendo a alguma coisa de sobrenatural.

    Naquele fim de manhã, porém, essa torrente de sensações ia e voltava de maneira diferente. Eu tentava me concentrar na Virgem, mas as pessoas me distraíam e a cabeça ia longe. A vontade e a realidade muitas vezes vão por direções opostas, é uma pena. Eu, que havia saído de São Paulo completamente obstinada, agora ia relaxando e perdendo o foco. Estava brigando comigo mesma, mas parecia perder. Não sabia o que estava acontecendo, mas também não conseguia lutar com as distrações. Fui cedendo, cedendo...

Por alguma razão, eu me lembrei de minha avó Alair. Da vovó Lalá, aliás, mãe do meu pai, responsável pelas festas de Natal da família. Durante toda a vida, vovó Lalá teve um único e mesmo presépio. Um presépio com imagens muito simples: José ajoelhado, segurando o cajado junto à lateral do seu corpo; Maria também de joelhos, com as mãos postas sobre o peito e um semblante calmo, tranquilo; e o menino Jesus na manjedoura, de cabelinhos encaracolados e braços abertos, já prefigurando a posição que, mais de trinta anos depois, adotaria na Cruz.

Foram anos e mais anos vendo esse presépio na cristaleira de jacarandá, na frente do espelho central e ao lado das taças de cristal trazidas da antiga Tchecoslováquia.

Quando minha avó se foi, o presépio dela ficou comigo. E, assim que eu o recebi, notei que o bracinho do menino Jesus estava quebrado, separado do corpo. Não importava, é claro. Era algo da minha avó, algo que todos os 24 netos namoravam, mas sem poder brincar. Mas eu não queria perder nenhum pedacinho. Tanto por uma espécie de obsessão quanto por causa do valor sentimental. Fora da minha avó, era meu, de toda a família...

Dando o meu jeito, eu colei o bracinho do menino uma, duas, três vezes. Sempre caía. Até que, um dia, uma senhora que trabalhava na minha casa achou que era para jogar fora aquele pedaço de gesso sem função. E jogou. E eu nunca mais consegui recuperá-lo.

Hoje, trancado na minha cristaleira, o menininho sem braço está à vista. É meu e, mesmo quebrado, me faz lembrar de todas as coisas boas da infância.

Diante da imagem de Nossa Senhora Aparecida, essa lembrança não me parecia nada mais do que uma distração involuntária. Uma distração que me entristecia, pois eu havia chegado ali tão decidida! Parecia mesmo que eu não estava no clima. Teria sido diferente com Bia ali? Eu não tenho dúvidas de que teria sido, mas... Bem, não se pode chorar o leite derramado, e portanto as coisas ficaram daquele jeito.

Daquela vez, eu voltei mais cedo do que gostaria. Meio entristecida, por achar que a viagem teria rendido pouco. Não sei se o clima fechado, o céu nublado, influenciava um pouco meu estado de espírito. Ou se era o cansaço. A verdade, porém, é que só no carro a cabeça começou a trabalhar. O problema seria a amplitude da Basílica, então? Bem, já era tarde para especular. A verdade é que agora a cabeça funcionava. E eu percebia que, embora a lembrança do presépio de vovó Lalá fosse uma distração que me parecera inconveniente, ela tinha lá algumas ligações com a Virgem de Aparecida. Na verdade, até me aproximavam dela um pouquinho.

Assim como o menino Jesus do presépio da família, cujas mãozinhas nunca ficavam grudadas no resto do corpo, também aquela imagem da Imaculada Conceição tinha essa estranha vocação a estar sempre despedaçada. E isso desde o princípio.

Penso de novo nos pescadores, lá atrás. Por duas vezes eles tiveram de lançar a rede para ter a imagem completa, pois o corpo e a cabeça estavam separados. Filipe Pedroso certamente a limpou e, usando de uma cera pegajosa, juntou as duas partes, ainda em casa. Como presenciara o milagre da pesca e o atribuíra, com justiça, à intercessão de Nossa Senhora, é bem provável que tenha se ajoelhado diante da imagem, que tenha enchido a Virgem de jaculatórias piedosas e de agradecimentos, que tenha olhado para a imagem como um filho agradecido olha para sua mãe. Durante anos e mais anos, a Virgem ficou assim, exposta desta maneira à veneração do povo, que disfarçava a rachadura do pescoço com cordões de ouro e outros presentes. E, volta e meia, era preciso renovar a colagem.

Pouca gente sabe, no entanto, que também os cabelos da imagem achada no rio Paraíba estavam danificados. As madeixas da Virgem seriam mais longas do que apareciam ali. ("Qual o problema com mulher de cabelo curto!?", brinquei com a Virgem quando soube dessa notícia desoladora.) Apenas em 1946, data da primeira restauração propriamente dita, é que as madeixas foram refeitas, com uns riscos sendo traçados na parte de trás da imagem até o meio das costas, por cima do manto; também foram refeitos um pouco do nariz de Maria e, é claro, a junção da cabeça com o restante do corpo.

Só que a massa usada não resistiu. As velas acesas próximo ao nicho devem ter fragilizado o trabalho. Por isso, pouco depois houve nova restauração — em 1950. Agora, usou-se massa de cimento e colocou-se um pino de alumínio para fixar bem a cabeça. Apesar da qualidade do trabalho, menos de vinte anos depois foi observada uma trinca no pescoço; mais alguns meses e outra foi encontrada próxima ao lugar onde se inseria a coroa. Por causa disso, julgou-se melhor que a imagem não saísse mais da Basílica.

Pode parecer feio da minha parte, mas... Eu gosto da ideia de uma imagem que racha, que trinca, que é preciso ser restaurada e que é restaurada sempre. Também nisso a Virgem de Aparecida é tão próxima de nós... Esse quebrar-se e renovar-se de tantas pessoas, de tantos fiéis... Tudo isso servia de inspiração e, ainda, de oportunidade para mostrar à Virgem negra o zelo de todo um povo por ela. Como o zelo por meu menininho Jesus maneta, na cristaleira da vovó.

Ainda assim, nada se compararia com o que viria a acontecer àquela imagem da Imaculada Conceição em 1978. Mais precisamente, em 16 de maio de 1978. Só de imaginar, subiam calafrios pelas minhas costas. Especialmente por eu me sentir tão próxima da Mãe, após tantas idas e vindas, depois de tantas reflexões sobre aquela Imaculada. No carro, pude pensar muito sobre a ocasião. À época do ocorrido, eu mal tinha completado nove anos. Nove anos e dois dias, para ser mais exata. Não me lembrava de nada, vivia na pequena Amparo. Mas, ali, enquanto dirigia, deixando uma cidadezinha depois da outra para trás, pude tentar me colocar na velha igreja de Nossa Senhora Aparecida, junto aos fiéis que, tendo ido para lá honrar a Mãe, mal suspeitavam do que iam presenciar.

Os relatos sobre esse episódio terrível são muito precisos. Na tarde daquele dia de outono, o céu escureceu. Ventava muito. As condições meteorológicas intimidavam os romeiros, mas alguns insistiam e visitavam a velha Basílica. Me coloco como um deles. Com o passar da tarde, entro na construção e fico esperando a missa das oito horas, a última do dia. Eu, que tenho essa personalidade distraída, fico observando as pessoas, olhando suas roupas, tentando adivinhar o que as leva até ali, quais seriam seus sofrimentos, seus motivos de ação de graças. Vejo os sacristãos andando de um lado para o outro, preparando a celebração. Tento rezar e me distraio. Faço isso de novo. Reparo num rapaz que se coloca perto da imagem, o que não era permitido. Pedem que ele se afaste, mas o jovem fica por ali, meio quieto. Nada, porém, parece fora do normal.

A missa começa. Dez minutos depois, tudo fica escuro. Acabou a luz. Eu, sempre em busca de algo extraordinário, me lembro logo do milagre das velas. Mas logo me assusto: escuto o barulho de vidro quebrando; em seguida, uns gritos e, no meio deles, o som do barro se espatifando sobre o altar.

Aquele mesmo jovem, o rapaz que parecia só um pouco fora do normal, dera três saltos. O suficiente para quebrar o vidro e puxar a imagem consigo. Algumas irmãs se põem a recolher os pedaços da imagem; outros fiéis gritam "Polícia!", e um religioso alerta os policiais sobre o ocorrido. O segurança da Basílica tenta pegar o responsável pelo atentado, mas o rapaz foge. É capturado pela polícia perto dali.

O autor desse ataque é uma personagem curiosa. Um jovem de dezenove anos. Odiava imagens religiosas e já tentara fazer ataques parecidos contra outra representação católica — com a imagem de São José na igreja que estava sob seu patrocínio.

Mas o que me deixa intrigada é menos o autor, que seria perdoado pela arquidiocese local, do que a reação das pessoas diante daquela estatueta estraçalhada. O símbolo religioso maior do Brasil ali, em pedaços. A Mãe do Brasil reduzida a fragmentos, desfigurada. Tenho muita dificuldade em imaginar a consternação do povo ao longo dos dias que se seguiram à notícia de que Nossa Senhora tinha sido atacada. Essa consternação eu mesma sinto hoje, só de imaginar o ocorrido.

Durante o restante daquele dia, e até a hora de dormir, fiquei como que sob o impacto dessas reflexões. No dia seguinte, depois de ter chegado em casa da rádio, eu me lembrei dos livros que Marga havia deixado comigo.

Fui direto àquele em que a restauradora da imagem conta como foi a experiência de realizar esse trabalho. Maria Helena Chartuni é o seu nome. É uma heroína — não há palavra melhor para descrevê-la. Maria Helena era restauradora do Museu de Arte de São Paulo, ao qual fora confiado aquele trabalho árduo, meticuloso. Parece que o diretor do museu só disse sim à tarefa por inspiração de Nossa Senhora. Da minha parte, penso que só por amor a ela mesmo, de tão destruída que a imagem ficara.

Se há um registro fotográfico que eu gostaria que existisse, é o do rosto da restauradora quando viu a imagem pela primeira vez, em 28 de junho de 1978. Dizem que ela e a equipe da instituição, ao abrirem os estojos com os fragmentos, logo se puseram a rezar uma Ave-Maria. Mas a bola, é claro, estava com Maria Helena. Durante um mês, ou melhor, 33 dias, o tempo necessário para a restauração, ela teve de contemplar Nossa Senhora diariamente em fragmentos, sentindo a responsabilidade do ofício a cada vez que começava seu expediente. Maria Helena sabia que tinha, segundo as palavras do seu diário, de "executar um trabalho o mais perfeito possível, para que tanto os fiéis quanto todos os cultores da Padroeira do Brasil não fiquem desiludidos". Acho que eu, no lugar dela, cederia ao medo. À covardia. Seria tão pouco mariana...

(Eu, que nem o bracinho do meu menino Jesus conseguia colar!)

Como Deus, segundo o ditado, tira o bem de todo e qualquer mal, aquela restauração possibilitou que os especialistas confirmassem alguns dados sobre a imagem, dados que não seriam conhecidos de outra forma. Confirmou-se que a estatueta de apenas 36 centímetros de altura e dois quilos e meio fora na verdade colorida antes de ser lançada ao rio: tivera as cores azul e vermelho-grená. O castanho só viria após muito tempo debaixo da água, após muito tempo em meio à fumaça e ao calor das velas, das tochas. E, quanto ao barro, ficava evidente que se tratava de um barro usado em São Paulo.

No entanto, esse bem técnico, embora importante, está muito longe do bem que faria à própria restauradora. Não tem jeito: estar perto da Mãe e não sair dali diferente é impossível. É impossível para mim, para vocês, para a artista.

Assim que me sentei para folhear o livro de Maria Helena, aconteceu uma daquelas... "coincidências". Meu celular vibrou e havia uma mensagem. Era do Hugo, meu editor. Andara pensando no livro, fazendo umas pesquisas, e achou algo que poderia me interessar. A mensagem trazia apenas um link, que levava a uma matéria da página oficial do Santuário de Aparecida. Pela mensagem seguinte, percebi que se tratava de uma entrevista. Hugo havia copiado um trecho inteiro, que trazia uma das falas da restauradora:

Contudo, a relação de Maria Helena com Nossa Senhora Aparecida não é apenas profissional. Diversas vezes, ao longo de todo esse tempo, a restauradora testemunhou a importância da Virgem Maria em sua vida. "Eu sou uma pessoa antes e outra depois do restauro. Já disse várias vezes e repito: restaurei sua pequena imagem de terracota. Em retribuição, ela restaurou minha vida", *declara.*

Quando se abre o livro em que a restauradora conta a história e os detalhes de seu trabalho, as fotos que ali se encontram — e que constituem a maior parte do volume — são estarrecedoras. Há até reproduções de raios X. Além disso, alguns trechos são bastante técnicos, detalhando as ferramentas usadas, o tipo de cola escolhido, a pesquisa que determinou o melhor material a ser usado. Mas, por trás de todas essas descrições, pulsa precisamente a sensação que Maria Helena descreve na entrevista.

Restaurei sua pequena imagem de terracota.

E, não obstante as pressões, ela o fez gratuitamente. Sem querer, nas palavras dela, "colocar preço em algo sagrado". Fora um trabalho feito por amor, por entrega à Virgem. E toda entrega a ela não ocorre sem frutos.

Em retribuição, ela restaurou minha vida.

Com paciência e preocupada meticulosidade, a artista foi encontrando o caminho de volta de cada pedacinho. Também a seu tempo, a Virgem Aparecida foi colocando Maria Helena em seu caminho de volta. Sem alardes, por meio de uma situação cotidiana — tratava-se, afinal, de um trabalho. Deus nos fala por sua Mãe, e de maneiras muito misteriosas, muitas vezes simples.

— A senhora morreu, dona Mariana? Que foi? Está um tempão sem falar.

Bia me interrompe, bem no momento em que estou refletindo sobre tudo isso. Aquela era sua forma — não tão sutil... — de dizer que eu era uma tagarela.

Bem, não dá para dizer que ela estivesse totalmente errada.

— Ô, Bia, olha isto aqui.

Bia se aproxima e eu mostro a capa do livro, que traz a imagem de Nossa Senhora após o restauro.

— Olha Nossa Senhora Aparecida, depois que colaram ela toda.

Para minha surpresa, Bia me responde que não reconhecia a Virgem, que nunca vira a imagem tão de perto, com tantos detalhes.

— Sem a capa azul eu não sei quem é, não, dona Mariana.

Rio. A capa azul era o manto, e de fato a Virgem Aparecida, sem seu manto azul e sua coroa, parecia diferir da que vivia no imaginário popular. Explico à Bia que a coroa usada hoje fora presente da princesa Isabel, em agradecimento por ter conseguido formar uma família, engravidar, ter filhos saudáveis. Tratava-se de uma peça de ouro, como convém a uma rainha.

Pergunto então o que ela, afinal, acha da imagem sem todos aqueles adornos. Bia não tem muitas... papas na língua, como todos já puderam perceber.

— É meio velha, não é não? Meio rechonchuda.

Ela então compara a representação com outra de Nossa Senhora das Graças, mas imediatamente se arrepende do que falou e beija a capa do livro.

— Não é feia, não! Desculpa! Não é feia! É lindinha!

Claro. Que ingratidão! Havia sido Nossa Senhora Aparecida, no final das contas, quem a curara de um calombo que tivera no braço quando era pequena. Fora a água do rio tocado pela Virgem o que a mãe passou no seu braço dia após dia, fazendo o calombo sumir dentro de um mês. Fora a santinha preta, e não a branca, que declarara seu amor por ela. E não adiantava eu explicar que representam a mesma pessoa em diferentes feições, em diferentes momentos. Para Bia, em termos de Virgem Maria, Aparecida é o artigo definido *a*.

Sem fazer muita cerimônia, ela pega outro livro que estava na minha mesa.

Sem fazer muita cerimônia, ela pega outro livro que estava na mesa. Era a *Iconografia de Aparecida*, também deixado ali pela Marga. Bia vai folheando e para na página 71, onde há uma foto que compara o trabalho de frei Agostinho de Jesus, a quem é atribuída a imagem de Nossa Senhora Aparecida, com o trabalho de frei Agostinho da Piedade, outro escultor famoso, mestre daquele e de muitos outros. Naquela folha, é possível ver que o frei Agostinho da Piedade fazia rostos mais retangulares e seu discípulo, mais arredondados. Nada disso interessa a Bia. Antes, ela fixa os olhos na foto de um Menino Jesus de barro cozido que é muito semelhante à imagem da Imaculada Conceição de Aparecida. *Menino Jesus da Bahia*, diz a legenda. Do mesmo autor. Um rosto bem redondo, olhos saltados, queixo e bochecha roliços, o cabelo encaracolado sobre a testa. Assim como o meu Menino, também aquele não tinha as mãos. Mas isso passa despercebido por Bia. Tudo passa, exceto um "detalhe".

— O sorriso é igualzinho ao da Mãe, vê só.

E era mesmo. O Menino sorria como a imagem de Nossa Senhora Aparecida sorria. Tal Mãe, tal Filho. Ou seria... tal Filho, tal Mãe? Era um sorriso que nenhum dos acidentes ocorridos com a Virgem negra havia conseguido destruir. Mesmo despedaçada, mesmo desmontando, mesmo em fragmentos, a Virgem Aparecida sempre sorriu. Perdera todo o lado direito de seu rosto... e sorria. Não é essa alegria o que ela nos pede também? Ou melhor: não é essa alegria que ela nos *dá*? Tantas vezes eu já me sentira despedaçada, tantas vezes o povo que ela adotou se sentira no chão... Mas um sorriso de mãe sempre consola e sempre dá forças.

Bia tinha esse olhar de filha. Percebia o sorriso da Virgem, algo que eu mesma não havia percebido. Sentia falta do manto, o elemento que, segundo ela, era o que transmitia familiaridade, aconchego...

— É o manto que a gente vê de longe e que faz a gente reconhecer Aparecida. É daquele triângulo do manto que os presos fazem tatuagem quando se convertem, no braço. É o manto que dá proteção, que cobre a gente com a bondade de Maria. Tem de botar o manto nisso aí, dona Mariana.

Na hora, me lembrei de uma canção que entoava muito para meu filho quando ele ainda era bebê.

Mãezinha do céu, eu não sei rezar. Eu só sei dizer: "Eu quero te amar..."

Quantas mães ainda não embalavam seus filhos com essa música?

Azul é teu manto, branco é teu véu... Mãezinha, eu quero te ver lá no céu.

Eu, que embalava Heitor protegido pela bondade do manto da Mãe, me sentia também protegida sob aquele manto anil.

Mãezinha do céu...

Conclusão
Uma Mariana mais mariana

Sexta-feira, 23 de junho, dia do Sagrado Coração de Jesus. Recebo, por mensagem no celular, uma corrente que me pede uma oração pelo Brasil.

Estou saindo de casa para mais um programa ao vivo. Desta vez, entrevistarei um político. Ministro do governo. Paro, no carro, e ainda dentro da garagem faço uma prece. É claro, nunca tive paciência — nem tempo — para essas correntes, mas... Por alguma razão, dessa vez eu resolvi levar a sério. Apesar de achar sinceramente que estamos passando por um processo de limpeza e amadurecimento, as coisas não estão fáceis. Haja oração. Haja *muita* oração.

Aquele é meu segundo turno de trabalho, doze horas depois do primeiro. O programa na Rádio Globo estreara às seis da manhã fazia poucas semanas, e por isso meus horários ainda estavam todos bagunçados. Ironicamente, naquele mesmo dia, havíamos comentado a notícia de que o Vaticano estudava excomungar os políticos corruptos.

"Isso aí, no Brasil, ia ser uma festa só", pensava comigo mesma.

O *talk show* correra muito bem naquela noite. Repercussão nas redes sociais, nome do programa entre os assuntos mais comentados. Mas, naquele dia, ao contrário do que era meu costume, eu saí com pressa do estúdio. No dia seguinte, dia de São João, seria aniversário do Heitor e, consequentemente, o dia mais feliz da minha vida, e a comemoração lá em casa já havia começado.

No carro, liguei o rádio e, para minha surpresa, o programa do Padre Marcelo Rossi estava no ar. Era meu companheiro de emissora, assumindo o horário da meia-noite. Enquanto escuto o padre, fico pensando no Heitor. Em todo o trajeto da volta. São quase vinte quilômetros. Dá tempo de me sentir abençoada pelo "sentinela da madrugada".

Fico contente ao descobrir que a estreia do programa do padre acontecia exatamente no dia do aniversário do meu filho. No dia de São João. Tomei isso como um sinal. "Vou pedir ao padre Marcelo que escreva o prefácio do livro. Pergunto a ele depois da missa, no domingo." Estou decidida.

E, dois dias depois, estávamos lá. Eu e Dal, pouco antes das nove da manhã. O santuário em Interlagos fora preparado para uma Festa Junina. Havia bandeirinhas, barracas montadas. Um cheirinho bom de comidas típicas já se espalhava.

Pouco antes do início da celebração, um voluntário muito solícito nos leva até o presbitério. Dal é bastante conhecido e fica parando para cumprimentar todo mundo. Estou ansiosa, quero me encontrar logo com o padre Marcelo.

É muito curiosa a sensação que experimentamos naquela missa. Lá do alto, conseguimos ver a movimentação do povo, numa espécie de coreografia de fé. Todos acenam para Maria. Fico tentando imaginar quais deles seriam pedidos — "Mãe, me olhe, me veja, perceba minha dor!" —, quais seriam agradecimentos, quais seriam apenas a livre manifestação do amor, de um carinho. Um "eu te amo", um "estou aqui por você".

Ao final da Santa Missa, um dos auxiliares se aproxima e me pergunta se eu não gostaria de carregar a imagem de Nossa Senhora Aparecida.

Eu!?

Fui pega de surpresa.

— Er... Claro, claro — respondi, mas o que se passava na minha cabeça era mesmo um "Ai, meu Deus, eu vou derrubar a santa, e ela vai se quebrar, e eu vou tropeçar, e eu não deveria ter vindo com esse sapato...".

Mas era muita coincidência.

Ou melhor: muita Providência.

Com maiúscula.

Bem, isso eu só penso agora. Na hora eu só queria saber como tinha de segurar a Virgem, e é óbvio que, quando fui pegá-la, a peguei pelo manto, a imagem escorregou e a coroa saiu. Ela só não se espatifou porque eu a resgatei a tempo.

Precisei de uns segundos para me recompor. "Se eu quebro a imagem, aí é que não terei prefácio mesmo!", penso, mas não sei se brincando ou a sério...

Com cuidado, visto a imagem mais uma vez e encaixo a delicada coroa. Seguro Maria por baixo, com as duas mãos.

Depois de respirar fundo, já me sinto confiante. Maria era mesmo bondosa. Permitiu que eu lhe desse um descanso. Acostumada a carregar tantos no colo, deixava que eu agora a carregasse no meu.

Enquanto ia pensando nisso, comovida e nervosa, padre Marcelo puxou a procissão. Ia à frente, trazendo o ostensório. Dal tinha nas mãos a cruz e eu ia atrás, com minha mãezinha.

Tudo é muito comovente. Ao passar pelo meio do povo, o olhar das pessoas me enche de ternura. São olhares que não sei definir. De admiração. De veneração. De emoção pura. Uma senhora grita "Maria, eu te amo!". Outra está quase chorando, quer passar a mão na imagem. Eu desconheço os protocolos. Aproximo-me, deixo que ela a toque. As crianças também querem tocá-la e, ao fazê-lo, vão sorrindo e dando gritinhos de criança. Viro Maria para que fique de frente para quem deseja honrá-la, olhá-la. E as pessoas se emocionam. E me emocionam.

Como eu não sei rezar, só queria mostrar meu olhar, meu olhar, meu olhar...

A música-símbolo da devoção a Aparecida me vem imediatamente à cabeça, mais uma vez. Ela faz todo o sentido. Não importava nem um pouco quem estava carregando a imagem. Poderia ter sido qualquer outra pessoa. Naquele momento, não havia padre Marcelo, Mariana Godoy, Dalcides.

Havia Jesus e sua Mãe.

E os olhares, muitos olhares, fixos em cada um. Eu sabia que, para Nossa Senhora, esses olhares já bastavam. Já diziam muito.

⁕

 Tudo o que eu estivera experimentando nos últimos meses se aglutinou naqueles minutos. Naquele instante, eu entendi tudo, mas de tal maneira que não saberia colocar em palavras. E até agora eu tenho a sensação de que não consigo fazê-lo. Naqueles rostos que se viravam para mim, mas que na verdade só enxergavam a Virgem Aparecida, era possível não somente ver, mas antes de mais nada sentir, a confiança das pessoas na intercessão de Maria. Não importava se tratava-se de agradecimento, de pedido, de angústia, de alegria: em Maria, tudo isso encontrava um porto seguro. Um destino bom. Tudo seria encaminhado a seu Filho da maneira certa, daquele jeitinho maternal que, como todas as mães sabemos, é irresistível.

 Afinal, não fora isso mesmo o que Maria fizera em Caná? Não havia levado Jesus, Deus encarnado, a adiantar o momento de revelar sua glória? Maria tinha "dobrado" o próprio Deus!

 Três dias depois, celebravam-se bodas em Caná da Galileia, e achava-se ali a mãe de Jesus. Também foram convidados Jesus e os seus discípulos. Como viesse a faltar vinho, a mãe de Jesus disse-lhe: "Eles já não têm vinho." Respondeu-lhe Jesus: "Mulher, isso compete a nós? Minha hora ainda não chegou." Disse, então, sua mãe aos serventes: "Fazei o que ele vos disser."

 Enquanto todos olhavam para a mãezinha e lhe dirigiam, silenciosamente ou não, as suas preces, suas mensagens e suas súplicas, eu sabia que, lá no Céu, ela ia repassando tudo isso ao seu Filho do mesmo modo como fizera nas Bodas de Caná: "Vê, meu Filho, as necessidades da dona Aparecida, do sr. João, do filho do sr. Carlos, da neta da dona Sandra..."

E assim por diante, um por um.

Incluindo a mim.

Incluindo Mariana.

ය

Em busca de Aparecida foi a coisa mais difícil que tive de fazer na vida. Sentar, escrever, ler, reescrever, reconsiderar trechos, cortar uns, acrescentar outros, ouvir sugestões... Só isto já teria sido um grande presente da Virgem: quem me conhece sabe o quão dispersa eu sou, como demoro para ter foco. Colocar em palavras experiências tão pessoais como a experiência de uma mãe com sua filha, então... Eis algo que não era nada fácil.

Ao longo de todas essas semanas, fui percebendo que cada vez mais meu pensamento se elevava à Virgem de Aparecida. Sempre que era tomada por alguma preocupação ou angústia, sempre que percebia minha alma cheia de gratidão por algo, era como se o "olhar" da minha alma chegasse até ela sem que eu precisasse pensar. Maria se tornou uma presença constante, uma presença que aprendi a cultivar, que nos deu maior intimidade. Que me tornou, além de filha, uma amiga. Eu queria escutá-la, partilhar minhas coisas, ouvir os seus conselhos.

De início, é claro, achei que tudo isso fosse fruto de um trabalho que deveria ser levado até o final. Eu não estivera indo e voltando de Aparecida, escrevendo um livro sobre Nossa Senhora, convivendo com pessoas que falavam sobre ela? Nada mais natural, no final das contas, do que pensar nela com alguma frequência, não é mesmo?

Talvez. Mas há mais: cada ida, cada contato, cada pensamento, não era somente mais um passo rumo a um entendimento frio da devoção, da história e dos milagres de Nossa Senhora Aparecida. Cada ida, cada contato e cada pensamento foram me recordando algo que ali, com a Virgem no colo, no meio de tantos olhares, estava mais do que claro. A afluência de pessoas à Basílica, o movimento dos romeiros, as lágrimas do povo — tudo isso é apenas a manifestação exterior e esporádica de uma certeza que é constante. Uma certeza que eu agora tinha e que só depois de tantas idas e vindas havia se consolidado de vez dentro de mim. A certeza de que aquela Maria tão próxima do povo brasileiro, aquela Maria de uma gente que não poderia ver nenhuma outra em Fátima, nem em Lourdes, nem em La Salette, aquela Maria... Ela nos acompanha — *me* acompanha — o tempo inteiro, com o olhar generoso de uma mãe, com seu manto aconchegante, com seu carinho, e também com aquela mesma exortação que entoara nas Bodas de Caná: *Fazei o que ele vos disser*.

Com que doçura Maria não nos acolhe e nos leva a seu Filho!

Essa é a fé que eu tenho. Essa é a fé que todos temos. Mas é também uma fé que pode facilmente ficar adormecida e que a Virgem foi despertando dentro de mim em cada viagem, em cada elemento da história de Nossa Senhora Aparecida, em cada pedaço seu que fui descobrindo, pouco a pouco, com meus próprios olhos.

Ou melhor: com meu próprio coração.

Porque a Virgem de Aparecida é assim. Ela fala ao nosso peito. Ela é do Brasil, mas é também minha, sua, de cada um. Por isso, ao longo de toda essa jornada, tantas coisas que estiveram guardadas em mim, tantas figuras importantes em minha vida, tantas histórias, tantas lembranças... Tudo isso veio à tona.

Maria é minha e do Brasil inteiro. Não canso de repeti-lo. No seu manto cabem todos e ninguém se sente preterido. Porque o amor, esse amor de Mãe, não se divide jamais.

Amor se multiplica.

☙

Meu diário teve início antes da Quaresma. Na companhia da Virgem negra, eu atravessei a Páscoa, Pentecostes, Corpus Christi.

Para encerrá-lo de vez, pedi ao Dal que fizéssemos uma última visita à Basílica. Pegaríamos muito trânsito na volta, mas queria que minhas últimas palavras fossem escritas ali.

Aqui.

Para sentir-se plenamente filho, é preciso voltar a ser criança. Reencontrar o abandono de um menino ou menina nos braços da mãe. Por isso, estou aqui sem missão nenhuma. Sem objetivo. Nada. Vivendo este momento como vivia os momentos de menina em Amparo, tantas décadas atrás.

Os romeiros passam.

Passa muita gente...

E eu só vejo pureza.

Pureza nos olhares cansados. Verdade nos rostos sofridos. Uma força que mão nenhuma pode tocar.

Fé.

Muita fé.

Esta Basílica que me abriga foi construída com o suor e com as ofertas desses homens e mulheres simples. Pobres, retirantes, pais e mães de família, religiosos, excluídos. E é a casa deles, será sempre a casa deles. A casa da Mãe. Um lugar onde há sempre colo. Onde sente-se tão bem o calor deste manto que consigo vislumbrar com meus olhos agora, bastando-me apenas erguê-los.

Quando Heitor era pequeno, eu costumava rezar uma oração que eu mesma tinha composto. Uma oração que nascera de meu coração de mãe. Por isso mesmo, se tratava de uma oração simples, simples até demais, mas também muito sincera.

Maria, Mãe querida, minha amiga serena,
Maria, companhia na solidão e na dor,
Maria, eu não sou forte, me ensina a manter sua paz,
a manter seu amor.
Maria, me protege com a sua bondade,
Maria, me esconde da maldade no seu véu,
Maria, eu não sou grande,
me carrega, me pega no colo, me leva para o céu.

Tantos anos depois, ainda posso elevar a ela minha oração. Só que, desta vez, a mãe virou filha. É Maria quem me embala. Minha mãezinha Aparecida.

Apêndice
Orações a Nossa Senhora Aparecida

Em todas as vezes que estive em Aparecida, pude observar muitas formas diferentes de rezar. Vi romeiros que rezavam de olhos fechados e outros que rezavam com o olhar fixo na Virgem. Vi gente que fazia orações vocais e vi quem deixasse a oração brotar espontaneamente do coração. Gente que mexia os lábios, gente que gesticulava. Vi gente que não precisava de palavras, gente para quem o olhar já era uma prece.

Nossa Senhora nos convida constantemente a essa relação com ela. Não importa como façamos: ela é Mãe e, como tal, gosta de estar perto de seus filhos, gosta de ver seus filhos recorrendo a seu auxílio, contando-lhe e confiando-lhe cada detalhe de suas vidas.

Não importa quem sejamos. Se pais ou mães, se solteiros ou casados, se religiosos ou leigos, se adultos ou crianças.... Acho que é por isso que me comove ver gente importante vindo a Aparecida para rezar e homenagear a mãezinha. É a prova de que estamos em unidade, de que somos parte de uma mesma família, de que somos irmãos confiados por Jesus a uma mesma mulher. Cada um à sua maneira, cada um em sua posição, cada um com sua história. Mas todos filhos.

Para simbolizar isso, fiz questão de terminar este meu diário de viagem com as preces que os últimos três papas fizeram quando estiveram em Aparecida e, depois, com a oração oficial pelos trezentos anos da descoberta da imagem de Nossa Senhora no rio Paraíba. Esta é uma forma de nos sentirmos um só, como um coro que eleva o coração aos céus. Além disso, nos ajudará a criar mais intimidade com a nossa Mãe.

Ó Maria Santíssima, pelos méritos de Nosso Senhor Jesus Cristo, em vossa querida imagem de Aparecida, espalhais inúmeros benefícios sobre todo o Brasil.

Eu, embora indigno de pertencer ao número de vossos filhos e filhas, mas cheio do desejo de participar dos benefícios de vossa misericórdia, prostrado a vossos pés, consagro-vos o meu entendimento, para que sempre pense no amor que mereceis; consagro-vos a minha língua para que sempre vos louve e propague a vossa devoção; consagro-vos o meu coração, para que, depois de Deus, vos ame sobre todas as coisas.

Recebei-me, ó Rainha incomparável, vós que o Cristo crucificado nos deu por Mãe, no ditoso número de vossos filhos e filhas; acolhei-me debaixo de vossa proteção; socorrei-me em todas as minhas necessidades, espirituais e temporais, sobretudo na hora de minha morte.

Abençoai-me, ó celestial cooperadora, e com vossa poderosa intercessão fortalecei-me em minha fraqueza, a fim de que, servindo-vos fielmente nesta vida, possa louvar-vos, amar-vos e dar-vos graças no céu, por toda eternidade. Assim seja!

— Papa Francisco

Mãe nossa, protegei a família brasileira e latino-americana!

Amparai, sob o vosso manto protetor, os filhos dessa pátria querida que nos acolhe. Vós que sois a Advogada junto ao vosso Filho Jesus, dai ao povo brasileiro paz constante e prosperidade completa, concedei aos nossos irmãos de toda a geografia latino-americana um verdadeiro ardor missionário irradiador de fé e de esperança, fazei que o vosso clamor de Fátima pela conversão dos pecadores seja realidade e transforme a vida da nossa sociedade.

E vós que, do Santuário de Guadalupe, intercedeis pelo povo do continente da esperança, abençoai as suas terras e os seus lares.

Amém.

— Papa Bento XVI

Senhora Aparecida, um filho vosso que vos pertence sem reserva — totus tuus! —, chamado por misterioso desígnio da Providência a ser vigário de vosso Filho na terra, quer dirigir-se a vós, neste momento.

Ele lembra com emoção, pela cor morena desta vossa imagem, uma outra representação vossa, a Virgem Negra de Jasna Gora!

Mãe de Deus e nossa, protegei a Igreja, o papa, os bispos, os sacerdotes e todo o povo fiel; acolhei sob o vosso manto protetor os religiosos, religiosas, as famílias, as crianças, os jovens e seus educadores!

Saúde dos Enfermos e Consoladora dos Aflitos, sede conforto dos que sofrem no corpo ou na alma; sede luz dos que procuram Cristo, Redentor do Homem; a todos os homens mostrai que sois a Mãe de nossa confiança.

Rainha da Paz e Espelho da Justiça, alcançai para o mundo a paz, fazei que o Brasil tenha paz duradoura, que os homens convivam sempre como irmãos, como filhos de Deus!

Nossa Senhora Aparecida, abençoai este vosso Santuário e os que nele trabalham, abençoai este povo que aqui ora e canta, abençoai todos os vossos filhos, abençoai o Brasil.

Amém!

— São João Paulo II

Maria!

Eu vos saúdo e vos digo "Ave" neste Santuário, onde a Igreja do Brasil vos ama, vos venera e vos invoca como Aparecida, como revelada e dada particularmente a ele! Como sua Mãe e padroeira!

Como Medianeira e Advogada junto ao Filho de quem sois Mãe!

Como modelo de todas as almas possuidoras da verdadeira sabedoria e, ao mesmo tempo, da simplicidade da criança e daquela entranhada confiança que supera toda fraqueza e sofrimento!

Quero confiar-vos de modo particular este povo e esta Igreja, todo este Brasil, grande e hospitaleiro, todos os vossos filhos e filhas, com todos os seus problemas e angústias, trabalhos e alegrias.

Quero fazê-lo como sucessor de Pedro e pastor da Igreja universal, entrando nesta herança de veneração e amor, de dedicação e confiança que, desde séculos, fez parte da Igreja do Brasil e de quantos a formam, sem olhar as diferenças de origem, raça ou posição social, e onde quer que habitem neste imenso país.

— São João Paulo II

Senhora Aparecida, Mãe Padroeira, em vossa singela imagem, há trezentos anos aparecestes nas redes dos três benditos pescadores no rio Paraíba do Sul. Como sinal vindo do céu, em vossa cor, vós nos dizeis que para o Pai não existem escravos, apenas filhos muito amados. Diante de vós, embaixadora de Deus, rompem-se as correntes da escravidão!

Assim, daquelas redes, passastes para o coração e a vida de milhões de outros filhos e filhas vossos. Para todos tendes sido bênção: peixes em abundância, famílias recuperadas, saúde alcançada, corações reconciliados, vida cristã reassumida. Nós vos agradecemos tanto carinho, tanto cuidado!

Hoje, em vosso Santuário e em vossa visita peregrina, nós vos acolhemos como Mãe, e de vossas mãos recebemos o fruto de vossa missão entre nós: o vosso Filho Jesus, nosso Salvador. Recordai-nos o poder, a força das mãos postas em prece! Ensinai-nos a viver vosso jubileu com gratidão e fidelidade!

Fazei de nós vossos filhos e filhas, irmãos e irmãs de nosso Irmão Primogênito, Jesus Cristo. Amém!

— Oração jubilar: Trezentos anos de bênçãos

Agradecimentos

A Margarita Pich Roca, Nanda Curado, Adriana Trussardi e Rosangela Lyra, amigas devotas que ignoram o quanto me inspiraram.

A minha mãe, Maria da Glória, sempre em oração pela família.

Ao padre Marcelo Rossi, pela carinhosa disposição em participar de um projeto tão pessoal, e ao Padre Rubens Gomes de Carvalho, pelo generoso e excelente material de estudo que me foi enviado.

A Bia — ou melhor: Janete de Fátima Pereira —, segunda mãe de meu filho e minha irmã em Maria.

E a Hugo Langone, meu editor, que quase me fez cumprir prazos apertados (mas no fim deu certo!).

Sem vocês este livro não seria o mesmo.

Direção geral
Antônio Araújo

Direção editorial
Daniele Cajueiro

Editor responsável
Hugo Langone

Produção editorial
Adriana Torres
Mariana Teixeira

Revisão
Fernanda Mello
Stella Carneiro

Projeto gráfico e diagramação
Larissa Fernandez Carvalho

Este livro foi impresso em 2017
para a Petra.